Die Kunst, hundert Jahre alt zu werden

Paul Nadar

Félix Nadar

Eugène Chevreul

DIE KUNST,

HUNDERT JAHRE

ALT ZU WERDEN

Herausgegeben und mit einem Nachwort von Bernd Stiegler

Aus dem Französischen übersetzt von Horst Brühmann

KOENIG BOOKS

Bibliografische Information der
Deutschen Nationalbibliothek

Die Deutsche Nationalbibliothek verzeichnet diese
Publikation in der Deutschen Nationalbibliografie;
detaillierte bibliografische Daten sind über
http://dnb.d-nb.de abrufbar.

Erschienen bei
Koenig Books Ltd
at the Serpentine Gallery
Kensington Gardens
London W2 3XA
www.koenigbooks.co.uk

Design
Alexander Schmitz

Printed in
Germany

Vertrieb
Buchhandlung Walther König
Ehrenstr. 4
D - 50672 Köln
Tel: +49 (0) 221 / 20 59 6 53
verlag@buchhandlung-walther-koenig.de

ISBN 978-3-96098-824-3

Inhalt

POUR PARAITRE:

L'ART DE VIVRE CENT ANS

UN VOLUME

PAR *Nadar*

AVEC NOMBREUSES

ILLUSTRATIONS d'après Clichés PHOTOGRAPHIQUES

DIALOGUE STÉNO-PHOTOGRAPHIQUE

PREMIER ESSAI

par Paul NADAR

Zur Edition

Félix Nadar führte Ende August 1886 mit dem Chemiker Eugène Chevreul, der in jenem Jahr seinen 100. Geburtstag feierte, eine Reihe von Interviews, die Nadars Sohn Paul photographisch festhielt. Zu einer eigentlich geplanten gleichzeitigen phonographischen Aufzeichnung kam es nicht. Die Gespräche wurden vielmehr stenographisch festgehalten und dann später transkribiert und redigiert. Gleichwohl kündigte Nadar das Interview vollmundig als Journalismus der Zukunft an, da es so wirklichkeitsgetreu wie möglich das Geschehen festhalten und bewahren könne. Eine gekürzte Fassung erschien am 5. September 1886 als Ausgabe des *Journal illustré*. Félix Nadar hatte seinerzeit eine deutlich erweiterte Buchausgabe geplant und auch bereits vorbereitet. Zu dieser kam es jedoch nicht. Das Buch, das bereits öffentlich angekündigt worden war, blieb ungedruckt und überdauerte als Reinschrift im Nadar-Nachlaß der Bibliothèque Nationale in Paris. Dort findet es sich unter:

NAF 13828
VIII Félix Nadar. L'Art de vivre cent ans.
258 f. 280 × 210 mm. Demi-rel.

Diese Fassung sollte offenkundig als Druckvorlage dienen. Sie wird hier erstmals ediert.

Gegenüber der Reinschrift wurden zwei Veränderungen vorgenommen. Zum einen wurde das Kapitel »*Physiologie der Langlebigkeit*«, das sich dort nach dem ersten Gespräch findet, diesem vorangestellt, um die Folge der Gespräche nicht zu unterbrechen. Zum anderen wurde auf den »*Kritischen Brief von Monsieur Gustave Grignan*«, der den Abschluß der Reinschrift bildet, verzichtet, da er offenkundig auf die publizierte Fassung rekurriert. Auch fehlt die im Inhaltsverzeichnis der geplanten Buchausgabe erwähnte Antwort Nadars im Manuskript.

Félix und Paul Nadar hatten für die Publikation eine Folge von während des Gesprächs aufgenommenen Photographien vorgesehen, die zum Teil auch handschriftlich mit bestimmten Passagen des Textes versehen und dementsprechend zugeordnet wurden. Allerdings erweist eine genauere Betrachtung, daß die Beziehung eher zufällig ist und mitunter ein und dasselbe Photo mit unterschiedlichen Textzeilen versehen wurde. Daher wurden die für diese Edition ausgewählten Photographien dem Text ohne expliziten Bezug zum Gesagten zugeordnet.

Vorbemerkung der Herausgeber

Jede Handlung, die des Interesses würdig ist,
sei sie öffentlich oder privat, in allen ihren
Momenten zu erhaschen und für Auge und Ohr
unauslöschlich festzuhalten, das heißt als unbe-
streitbares historisches Dokument optisch und
akustisch aufzunehmen und zu bewahren ...

Das Studium dessen, was man Geschichte nennt, ist nichts anderes als eine Lektion in Ungewißheit. Niemand wird diese Behauptung gewagt finden, weil jeder weiß, auf wie viele unterschiedliche, ja oft widersprüchliche Arten uns die geringste Tatsache berichtet wird, die sich gestern vor unserer Tür, vor unseren Augen abgespielt hat. Doch wenn uns schon aktuelle Ereignisse zögern lassen, unsicher machen, wer könnte dann den Anspruch erheben, uns mit Gewißheit zu sagen, was die Vergangenheit war? Und dennoch ist das Bedürfnis nach Erkenntnis, nach Wissen dem Menschen eingeboren. Um dieses Bedürfnis wenigstens in einem Punkt so gut es geht zu befriedigen, kam der moderne Journalismus auf den Gedanken, berühmte Persönlichkeiten oder solche, die gerade im Brennpunkt stehen, befragen zu lassen und diese Befragungen – Fragen wie Antworten – unmittelbar aufzuzeichnen. Und ebendies hat man als »Interview« oder »Reportage« bezeichnet.

Doch selbst wenn dieses Verfahren geeignet ist, welche Gewähr bietet es? Verfügt der »Reporter« – oder, um unsere eigene Sprache zu verwenden, der *rapporteur* [»Berichterstatter«] – neben der vorausgesetzten Sicherheit des Gehörs stets über die nicht minder unentbehrliche Präzision des Gedächtnisses, die es ihm erlauben wird, nichts zu vergessen? Und fragen wir weiter: Verfügt er stets über die absolute Unvoreingenommenheit, die er braucht, um mit sorgfältiger, rigoroser Worttreue zu schildern, was er gehört hat? Kurzum: Diese »Berichte«, welche die Öffentlichkeit stets mit brennender Neugier erwartet – wie könnte man sie überprüfen, wie erhärten?

Mathematisch gesprochen: Worin liegt der »*Beweis*«?

Ein junger Künstler, der es versteht, das Ansehen des Namens, das er sich erworben hat, würdig zu bewahren, Monsieur Paul Nadar, hielt die Stunde für gekommen, diesen fehlenden »*Beweis*« der Wissenschaft selbst abzufordern – der Wissenschaft, die Unbestimmtheiten und Hypothesen zurückweist und sich nur auf die aus der Erfahrung erworbene Tatsache stützt. Nach seiner Einschätzung könnte die Photographie, die uns heute mit dem Filmmaterial von Eastman Bilder *in einer zweitausendstel Sekunde* liefert, zunächst für das Auge die aufeinanderfolgenden Aspekte einer jeden Handlung, einer jeden Szene, die von Interesse ist, festhalten.[1] Der erste Teil der Frage erwies sich damit als gelöst. Was das nicht minder wesentliche Problem angeht, für das Ohr die artikulierten Laute aufzufangen und zu bewahren, hatte sich die Lösung seit langem angekündigt.

»Vor etwa fünfzehn Jahren machte ich mir, halb träumerisch, das Vergnügen, an versteckter Stelle zu schreiben, man solle den Menschen nicht unterschätzen. Sie werden sehen, daß sich eines Morgens jemand finden wird, der uns die Daguerreotypie des Tons bringen wird – den Phonographen –, so etwas wie ein Kästchen, in dem sich die Töne aufstauen und fixieren, ähnlich wie in der Camera obscura die Bilder aufgefangen und fixiert werden –, jemand also, der uns das Geräusch zu sehen erlaubt ...«[2]

Wir haben gesehen, wie diese Prophezeiung Nadars, die wir in seinen 1864 veröffentlichten *Mémoires du Géant* finden[3] und die bald darauf von Théophile Gautier aufgegriffen wurde, allmählich Wirklichkeit wurde, zunächst durch den bedeutenden M. Lissajous, der in der Académie Klangfiguren graphisch *sichtbar zu machen* verstand, und sodann durch den ebenso geistreichen wie bescheidenen M. Ader, der den verblüfften Besuchern unserer jüngsten Weltausstellung Gesang und Dialoge aus Oper und Schauspiel übertrug, mitsamt dem Stimmengewirr der Säle und dem Applaus der fernen Zuschauer.[4]

Doch wenngleich man im Prinzip zugeben kann, daß die Photographie *der Töne* oder die Phonographie, die Nadar vorausgesagt und der er sogar ihren Namen verliehen hat, uns nunmehr zur Verfügung steht, müssen wir anerkennen, daß diese gerade erst entstandene Wissenschaft den Entwicklungsstand ihres älteren Bruders, der Photographie, noch nicht erreicht hat. Die Daguerreotypie, die uns in ihren Anfängen eine geschlagene Viertelstunde in voller Sonne posieren ließ, um ein schimmerndes Bild auf eine Metallplatte zu bannen, benötigte vierzig Jahre – vierzig volle Jahre –, bis unsere Praktiker aus einem in voller Geschwindigkeit fahrenden Schnellzug Bilder aufnehmen konnten – und bis es Dr Marey möglich war, den Vogelflug in all seinen aufeinanderfolgenden *Phasen* zu erfassen und festzuhalten.

Vorläufig aber hat sich gezeigt, daß die Phonographie noch an der Aufgabe scheitert, ein beliebiges Gespräch zweier oder mehrerer Personen mechanisch, automatisch für das Ohr ebenso wie für das Auge aufzuzeichnen und die Freiheit der Gebärden, das Unerwartete der Bewegungen oder das so interessante Mienenspiel in jeder Phase einer Diskussion oder einer Unterhaltung wiederzugeben. Wieviel aufschlußreiche, vielfältige, pittoreske Eindrücke böte zum Beispiel der kontinuierliche Anblick einer Person, die sich, über einen Telephonapparat gebeugt, die beiden Hörmuscheln mit den Händen an die Ohren preßt?

Trotzdem war die Stunde gekommen, um dieser doppelten wissenschaftlichen Anwendung, die in den Annalen des menschlichen Geistes Epoche machen wird, einen Termin zu setzen. Voller Ungeduld, diesem Ereignis einen festen Platz in seinem Werk zu sichern, zögerte Nadar nicht, die Dinge zu beschleunigen. Sobald er sich von der optischen Seite her sicher war, wartete er nicht mehr ab. Entschlossen ersetzte er den Phonographen von morgen durch den offiziellen, um nicht zu sagen automatischen Stenographen. Ein glücklicher Zufall eröffnete ihm eine tatsächlich einmalige Gelegenheit zu seinem ersten Versuch. Man bereitete die Feiern zum hundertsten Geburtstag M. Chevreuls vor. Durch das freundliche Entgegenkommen des ruhmreichen Jubilars erhielt Nadar die Gelegenheit zu sechs Gesprächen, kurz bevor M. Chevreul in jenes einhundertste Lebensjahr eintrat, das uns allen so wenig erreichbar scheint. Es lag also nahe, daß die erste Anwendung des neuen Systems darin bestand, das ganze lange, auf so bewundernswerte Weise ausgefüllte Dasein des Ersten unserer Wissenschaftler zu resümieren.

Als *Doyen des Étudiants*, »der Älteste der Studenten«, der auf dem Gebiet von Physik und Chemie ebenso wie im Bereich der Geschichte und Philosophie so viele Dinge erforscht hat und noch immer erforscht – ohne dabei zu verschmähen, was man von der Kosmogonie bis hin zum Wortschatz des Grammatikers und selbst von der [*Lücke im Ms.*] erlernen kann –, legt dieser Universalgelehrte in der Reihe dieser Gespräche alles dar, was unser menschliches Wissen umfaßt.

Der Leser kommt damit in den Genuß von so viel angehäufter Gelehrsamkeit, daß diese wenigen Seiten zu einem wahrhaft enzyklopädischen Brevier für ihn werden. Während also der berühmte Greis mit der ganzen Verve eines jungen Mannes von den Geheimnissen seiner Langlebigkeit sprach – von Geheimnissen, die er freigebig mit allen teilt –, während er sich über Aerostaten, das Gesetz der Farben, über Philosophie und Geschichte äußerte und in einer abwechslungsreichen Unterhaltung voller Anekdoten und Erinnerungen sein ganzes langes, der rastlosen Arbeit gewidmetes Dasein ausbreitete, nahm M. Paul Nadar wie im Fluge die Gestik und Mimik des verehrungswürdigen Hundertjährigen auf, dessen Antlitz im Laufe des Dialogs immer wieder neue Züge annahm, während der Stenograph – unter Zuruf von augenblicklich notierten Ordnungszahlen – die zu jedem photographisch erfaßten Mienenspiel gehörigen Worte, noch die nebensächlichsten, festhielt.

Dies ist das sehr merkwürdige und, wie wir auf die Gefahr eines Dementis hin ergänzen können, völlig neue Resultat der beiden simultanen Operationen, deren Präsentation allein schon die Veröffentlichung eines Buches wert wäre: ein Ergebnis, das wir in seiner aufregenden Wahrheit heute der Öffentlichkeit vorstellen und das uns selbst zuallererst in Erstaunen versetzt hat. Zum ersten Mal also wird uns die Natur endlich so gezeigt, wie sie sich als unmittelbare Tatsache erhaschen läßt.

Zum ersten Mal wird der Leser in der Tat zugleich zum Zuschauer, und er sitzt – was ebenfalls nicht gleichgültig ist – stets in der ersten Reihe.

Zum ersten Mal braucht er niemanden, der statt seiner beobachtet und horcht; *er* ist es, er selbst, der sieht und hört.

Zum ersten Mal hat er die Möglichkeit, in eigener Person dem Ereignis beizuwohnen, das ihm bisher nur mit der Feder, manchmal unterstützt vom Zeichenstift, dargestellt wurde – vom Schriftsteller und vom Zeichner, zwei mehr oder weniger getreuen Übersetzern: denn hat man nicht gesagt, daß jede Übersetzung ein Verrat ist [*traduction, trahison*]?[5]

Und ohne daß er sich vom Fleck rühren müßte, wo immer er sich gerade aufhält, in seiner Wohnung, am Kaminfeuer, im Krankenbett, verloren in fernster Abgeschiedenheit, an Bord eines Schiffes weit hinter dem Meereshorizont, überall und immer ist er dabei, dringt dorthin, wo sonst niemand Zugang hätte, in die verborgensten, unzugänglichsten Winkel der Höchsten wie der Niedrigsten und Bescheidensten, so daß plötzlich eine Begebenheit, die seine Neugier weckt, in hellem Licht erstrahlt.

Und so wird er zum Zeugen, der alle großen Handlungen unseres öffentlichen Lebens ebenso wie alle nebensächlichen Ereignisse, die nur für einen Augenblick seine Aufmerksamkeit erregen können, begleitet; derart, daß ihm die Redner unserer politischen und juristischen Debatten – die er sieht, die er *hört* – und die bedeutendsten und unbedeutendsten Akteure all der Dramen und Komödien unseres Alltags vor Augen erscheinen.

Versuchen wir für einen Augenblick, mit der Hilfe unserer Einbildungskraft die Konsequenzen dieser jüngsten Eroberung des Dokuments durch die Wissenschaft in die Zukunft zu verfolgen, einer Eroberung, die in ihrer vollständigen Reife eine beträchtliche Veränderung unserer Art des Erfahrens und Erkennens bedeuten muß ...

Versuchen wir uns die großen legendären Episoden unserer Vergangenheit zu vergegenwärtigen – wenn sie uns in dieser doppelten und unanfechtbaren Authentizität hätten überliefert werden können ... Nehmen Sie für einen Augenblick an, Sie würden um ein Jahrhundert in die Vergangenheit zurückversetzt; Sie *sähen* und *hörten* von den hölzernen Tribünen des Ballhaussaals aus, wie Mirabeau, den Bajonetten trotzend, mit ausgestrecktem Arm dem Herzog von Brissac den Willen des Volkes entgegenschleudert.

Der Direktion des Verlags des *Petit Journal* und des *Journal illustré* – stets darauf bedacht, der Million ihrer getreuen Leser Belehrendes, Nützliches und Interessantes zu verschaffen – kam es daher legitimerweise an erster Stelle zu, der ganzen Welt diese so unerwartete Art der Information bekanntzumachen, welche dazu berufen ist, die

Traditionen des Verlagswesens und die Gewohnheiten der Leser tiefgreifend zu verändern. Liegt nicht in der Tat hier, zu einem seiner wesentlichsten Teile, der Journalismus von morgen begründet – ein Journalismus, mit dem Geschichte geschrieben wird?

Wir fühlten uns gehalten, im *Journal illustré* die Idee der Herren Nadar in einem gewiß improvisierten, überstürzten und durchaus noch unvollkommenen Versuch als erste zu verwirklichen. Der ungeheure Erfolg, den dieses Heft beim interessierten Publikum gefunden hat, sichert unserem Buch *Die Kunst, hundert Jahre alt zu werden*, einen buchhändlerischen Erfolg ohnegleichen. Es enthält fünf Gespräche mit M. Chevreul, die unter allem nur wünschenswerten Aufwand an Zeit, Sorgfalt und Kosten stattfanden.

Müssen wir noch hinzufügen, daß dieses Buch, das mit so hohen Ansprüchen und im Zuge so faszinierender Neuerungen konzipiert wurde, gleichsam nebenbei und in einer jedermann zugänglichen Form die wesentlichsten Fragen der Wissenschaften und Künste, der Geschichte, Literatur und Philosophie berührt; Fragen, die vom Ursprung der Dinge, die sich im Dunkel vergangener Zeiten verlieren, bis hin zur Elektrizität und zur Photographie unserer Tage reichen, von den Allheilmitteln der Alchimisten bis zur rationellen Hygiene von heute, von der Wünschelrute und vom Tischrücken bis zur Luftschiffahrt von morgen – ohne dabei zu versäumen, unvoreingenommen dem heute so lebhaft wie seit jeher tobenden Kampf zwischen dem Absoluten der religiösen Tradition und dem negativen Eklektizismus des modernen Geistes Raum zu geben? Indem es im launenhaften Spiel seiner zahlreichen Themen alles resümiert, was der Mensch weiß, und ihm zeigt, was er lernen muß, ist dieses Buch die wahrhafte Verwirklichung eines enzyklopädischen Breviers des XIX. Jahrhunderts.

Die Verlagsleitung des Petit Journal

Das Denken M. Chevreuls

Einem alten Brauch folgend, der zu unserem oftmals empfundenen Bedauern in Vergessenheit geraten ist, und in der Absicht, bei unseren Lesern den Wunsch zu wecken, den hervorragenden Mann besser kennenzulernen, dessen Werk von den Gelehrten auf der ganzen Welt bewundert wird, hielten wir es für unsere Pflicht, auf diesen ersten Seiten einige der Prinzipien und Maximen zusammenzustellen, die in geraffter Form die Methode und den Charakter des Denkers enthalten.

Das Denken Chevreuls

* Der Mensch muß sich sein Leben lang als Schüler betrachten.
* In allen Belangen muß man *beweisen, zeigen* [*faire voir*].
* Man muß die Dinge so sehen, wie sie sind, und nicht so, wie man sie gern hätte.
* Wie viele Menschen sterben an Krankheiten und wie wenige am Alter!
* Eine sehr häufige Ursache für Irrtümer liegt darin, über einen Gegenstand, von dem man nur einen Teil kennt, so zu urteilen, als kennte man das Ganze.
* Wie häufig verwechselt man eine Tatsache mit der Interpretation, die man von dieser Tatsache gibt!
* Jede Diät ist individuell.
* Wenn es an Wissenschaft fehlt, äußert man eine falsche Meinung gemäß einer wahren Empfindung.
* Man kann verstehen, ohne erklären zu können.
* Alle Dinge müssen unter drei Gesichtspunkten beurteilt werden – dem absoluten, dem relativen und dem korrelativen. Jenseits dieser dreifachen Beurteilung besteht immer die Gefahr des Irrtums.
* Nichts wird aus nichts.
* Am Anfang jeder Wissenschaft steht der Wissensdurst.
* Oft hat ein unrichtiger Gedanke zu einer Entdeckung geführt.

* Die Wörter zur Bezeichnung einer Sache sind im allgemeinen um so zahlreicher, je weniger man von dieser Sache weiß.
* Ein einzelner Irrtum ist die Quelle vieler Irrtümer und legt den Keim für zahllose weitere.
* Man muß als erstes den Irrtum beseitigen, ohne sich darum zu kümmern, ob man etwas an seine Stelle zu setzen weiß.
* Es gibt Leute, die sagen: Das verstehe ich nicht, also existiert das nicht.
* Es könnte für den Menschen keinen höheren Genuß geben als die Erkenntnis der Wahrheit.
* Können Sie sich den Raum vorstellen, mit oder ohne Grenzen? Nein, ich auch nicht. Und trotzdem *existiert* der Raum.
* Wie viele Male hat sich das, was gestern verkannt wurde, als Tatsache, als Wirklichkeit von morgen erwiesen, und wie viele Male haben wir zum Irrtum erklärt, was wir gestern noch für die Wahrheit hielten!
* Die Wissenschaft sieht die Phänomene, der Geist sieht die Ursachen.
* Der Tastsinn ist der philosophische Sinn.
* Je größer der Wille ist, rechtzuhaben, desto weniger darf man eine Entscheidung überstürzen.
* Wie viele Tatsachen sind, auch wenn sie nicht sichtbar sind, doch nicht weniger real!
* Man muß sich sogar vor dem *Dictionnaire de l'Académie* hüten, wenn es behauptet, Einbildungskraft [*imagination*] und Erfindung [*invention*] seien dasselbe.
* Die vergleichenden Sektionen einer menschlichen Leiche und eines anthropomorphen Vierhänders – erklären sie uns, daß der Mensch das einzige perfektible Wesen ist?
* Jede wissenschaftliche Synthese ist unvollständig.
* In fortgeschrittenem Alter ist Langeweile viel tödlicher als Krankheit.
* Die reine Mathematik ist in den ersten Rang der Wissenschaften vorgerückt, weil sie sich solcher Zeichen bedient, die vollständig determiniert sind.

* Jeder große Naturforscher ist unweigerlich ein großer Philosoph.

* Das Schauspiel aller Dinge ist dem menschlichen Stolz eine beständige Lehre.

* Man darf nicht den Dingen zum Vorwurf machen, daß wir sie nicht erklären können.

* Selbst auf einem nicht sehr komplexen Bild sieht man nur einige seiner Teile deutlich.

* Alle Wissenschaften waren ursprünglich dogmatisiert. Ihren wissenschaftlichen Charakter erhielten sie erst, als sie der Erfahrung unterworfen wurden.

* Ein ausgewogenes Urteil, ein gutes Urteil verlangt von dem, der es trifft, ein mit Geduld gepaartes Wissen, und auch Wohlwollen kann dafür erforderlich sein.

* Abgesehen von den moralischen Gefühlen eines Ehrenmannes bin ich bereit, sämtliche wissenschaftlichen Meinungen, die ich haben mag, aufzugeben, wenn man mir aus der Erfahrung beweist, daß sie falsch sind.

Physiologie der Langlebigkeit

[Das folgende Kapitel steht im Manuskript nach dem ersten Gespräch, wurde aber, um die Folge der Interviews nicht zu unterbrechen, vorgezogen.]

Wenn jemals das Wort Frage irgendwo am Platze ist, so wäre es hier.

Für die Mehrzahl der Menschen ist Langlebigkeit die erste der Fragen, da das Leben für sie das höchste der Güter ist, weil dieses Gut zunächst dasjenige ist, das alle übrigen zu genießen erlaubt.

Wenn wir, manchmal wahrhaft verschwenderisch, die Stunden, die wir zu leben haben, verprassen, wenn wir die Tage, Monate, Jahre unbedacht vergeuden, besteht doch gewöhnlich kein Zweifel, daß wir, wenn das letzte Stündlein geschlagen hat, aus der Nähe anders darüber denken und daß die größten Verschwender in diesem Augenblick gern zu Geizhälsen würden – was im übrigen völlig gleichgültig ist.

Gegen dieses wenig philosophische, doch sehr verbreitete Bemühen, seine letzte Sekunde hinauszuzögern, genügt es auch nicht, jenes grimmige Wort eines falschen Biedermanns aus dem 18. Jahrhundert wieder aufzugreifen: »Wohin ich auch blicke, ängstigt sich jeder vor dem Tod, und doch sehe ich, daß ein jeder sich aus der Affäre zieht!«

Die Frage der Langlebigkeit, diese ewige Frage, steht also immer noch ungelöst vor uns. Und in ihrer seltsamen Einfachheit erweist sich diese massive Frage als vielfache, als eine Einheit besonderer Art, ohne Anfang und Ende. Was ist Langlebigkeit? Wo hört sie auf? Kann man sie lehren? Wer verkauft sie? Was kostet sie?

Als dieses Buch unter ganz außergewöhnlichen Umständen konzipiert wurde, fern aller Beschäftigung mit der Kunst, das Leben zu verlängern, war der erste Titel, der uns vorschwebte, ja sich beinahe aufzwang: *Die Kunst, hundert Jahre alt zu werden*. Er lag natürlich nahe, und unter dieser Bezeichnung wurde eine improvisierte Probe daraus in einer Sondernummer des *Journal illustré* der Öffentlichkeit vorgelegt.

Der große Erfolg dieser Nummer des Wochenblatts hatte die Kunst, hundert Jahre alt zu werden, bereits so weit popularisiert, daß wir nicht die Zeit hatten, uns zu fragen, ob ein Titel, der auf einem Blatt mit der vorbestimmten Lebensdauer einer Woche harmlos ist, auf einem Buch nicht wie ein trügerisches Versprechen nach Art der Quintessenz, der Panazeen, Elixiere und Allheilmittel gibt, all unsere Krankheiten zu vermeiden oder zu heilen. Die Hand, welche die Ehre hat, recht oder schlecht eine Feder zu halten, hat bereits alles Nötige, um zu lügen wie gedruckt.

Es sei mir gestattet, hier etwas zu versuchen, was vor mittelalterlichen Gerichtshöfen der *advocatus diaboli* tat – nicht zu plädieren, sondern unparteiisch das Für und Wider der *Kunst, hundert Jahre alt zu werden*, zu erörtern.

Zunächst: kann man eine »Kunst« lehren?

Hat uns *L'Art poétique*, die Poetik von Boileau, je zu einem passablen Halbvers verholfen?[6] Der klassische Gesetzgeber des Permessus, wenn ich mich so ausdrücken darf, derjenige, der die erstaunliche Vermessenheit besitzt, die Dichtkunst, von der er so kläglichen Gebrauch machte, zu kodifizieren, hat die Naivität, zu Beginn seines schwer bekömmlichen Programms selbst einzuräumen, »ein kühner Autor« müsse auf seinen »Beruf« verzichten, wenn er nicht die geheimen Himmelsmächte verspürt, wenn ihn sein aufgehender Stern (– *wer geht auf?* ...) nicht zum Dichter geweiht hat.[7] Der Mensch, das vernunftbegabte – und, wie Monsieur Chevreul sagt, perfektible – Tier hat mit Boileau nicht mehr zu erörtern als, nach dem Wort von Veuillot, die Sense mit dem Gras. Überlassen wir also Boileau und alle übrigen Lehrer der »Kunst«, die Schulen von Rom und Athen mitsamt all ihren Hilfsprofessoren den Sandschürfern. Einen Beruf kann man lehren, die Kunst nicht.

Doch mit welchem Recht könnte die Langlebigkeit beanspruchen, unter jene Kategorie zu fallen, die wir höchstens in einem überdehnten Sinne als »Künste« zu bezeichnen gewohnt sind? Man wird verstehen, daß das Buch von Bréffault, *L'art de diner en ville* [*Die Kunst, in der Stadt zu speisen*], aus jenem eigentümlichen literarischen Genre zu Beginn des 19. Jahrhunderts nicht ernsthaft als Präzedenzfall gedient haben kann, und noch weniger *L'art de mettre sa cravate* aus jenen unschuldigen Zeiten, die den abknöpfbaren Kragen noch nicht kannten.[8] Was die letzte all dieser vermeintlichen »Künste« angeht, die Kunst, Schulden zu machen, so wäre nichts enttäuschender, zumal jeder von uns weiß, daß im Leben alles seinen Preis hat, selbst solche Dinge. Da man nun aber für seine Schulden bezahlen muß, warum sollte man welche machen?

Werden wir wieder ernsthaft. Langlebigkeit ist also keine »Kunst«, und man kann sie nicht lehren. Langlebigkeit erscheint uns vornehmlich als ein Geschenk der Natur, das gewissen Bevorzugten ausnahmsweise gegönnt wird. Man muß zum Hundertjährigen geboren sein, so wie man zum Maler, Musiker, Dichter oder Bratenkoch geboren ist. Schließlich zeigt sich die Langlebigkeit sehr willkürlich unter Bedingungen von Milieus und Gewohnheiten, die so verschieden und sogar widersprüchlich sind, daß man sie unmöglich kategorisch formulieren könnte.

Es genügt, sich an die Geschichte jenes Reisenden zu erinnern, der in Irland einem braven Straßenwärter begegnet, der einhundertundein Jahre alt ist. Der Gentleman, begierig wie jeder andere auf makrobiotische Lehren, befragt neugierig den Straßenwärter, auf dessen Methode er es abgesehen hat. Der Straßenwärter erzählt ihm seine Geschichte: er hat nie etwas anderes getrunken als Wasser.

– Gut! Ich bin am Ziel! denkt unser Mann.

– Aber, sagt ihm der Straßenwärter zum Schluß, weil Sie so neugierig sind, sollten Sie meinen Bruder treffen, der zwei Jahre älter ist als ich. Sie finden ihn in der Schenke, die Sie von hier aus sehen: er ist ständig betrunken!

Zum Schluß und nachdem die Einwände gegen die Langlebigkeit und ihre Wissenschaft fast erschöpft sind, bliebe noch zu untersuchen, ob es gut für die Menschen wäre und ein wirklicher Gewinn, wenn ihr beklommenes, verstohlenes, doch inbrünstiges Gebet an den Tod erhört würde: von ihm wenn nicht völlig vergessen, so doch wenigstens vernachlässigt zu werden. Wären also die Lebensbedingungen eines Greises in solchem Maße beneidenswert? Doch damit würden uns von der Frage zu weit entfernen, und meine persönliche Ansicht hätte vor der fast einhelligen Meinung wenig Gewicht.

Und doch, fühlen Sie sich nicht ein wenig erschrocken bei dem Gedanken an das Schicksal der Papageien, denen man nachsagt, daß sie beinahe unbegrenzt leben – wenn man zum Beispiel an jenen indischen denkt, den Humboldt anführt? Dieser Papagei war so alt geworden, daß er nach vielen Generationen niemanden mehr um sich hatte, der seinen Dialekt hätte verstehen können ... Sie fragen sich, worin die Genüsse eines solchen gefiederten oder ungefiederten Plapperers bestehen könnten und welcher Zauber von ihm ausgehen müßte!

Historik der Langlebigkeit

> *Wenn der Tod etwas Gutes wäre, hätten die*
> *Götter sich nicht unsterblich gemacht.*
>
> Sappho

In der Kindheit der Völker, so glaubt man allgemein, habe der Erdball, jünger und fruchtbarer an Lebenskräften, Menschen von kolossaler Größe, wundersamer Kraft und äußerster Langlebigkeit genährt. Hier wie sonst hat die Wissenschaft seit langem zwischen Traum und Wirklichkeit unterschieden. Eine verständigere, aufgeklärtere Kritik verwechselt nicht mehr die Überreste des Mastodons, des Auerochsen und des Höhlenbären mit vermeintlichen Knochen von Riesen. Die Zeitrechnung dieser fernen Zeiten unterschied sich sehr von der unseren.

Unter den modernen Physikern hat vor allem Hensler gezeigt, daß vor Abraham das Jahr nur aus drei Monaten bestand. Nach dem Patriarchen hatte es acht und nach Joseph, dem Verwalter des ägyptischen Pharaos, zwölf. Diese Vermutung erscheint um so plausibler, als man sonst schwer erklären könnte, warum die Patriarchen vor allem im Orient erst mit sechzig, siebzig oder sogar hundert Jahren heirateten. Vermindert man auf diese Weise die sagenhafte Zahl von Jahren, die die Genesis den ersten Menschen nachsagt, auf angemessenere Proportionen, verschwindet die Schwierigkeit. In der Tat erhält man dann nach Henslers Formel das Alter von zwanzig oder dreißig Jahren, das auch dasjenige ist, in dem man heute heiratet.

Auch das legendäre außergewöhnliche Alter Methusalems hätte dann nichts Unglaubliches mehr. Methusalem würde sogar auf den zweiten Rang zurückfallen, da er nicht mehr als 225 Jahre zählte und von Jean des Temps übertroffen würde. So liest man in der *Chronique de Guillaume de Nangis* die folgende Passage: »Im Jahr 1139 starb Jean des Temps, der 361 Jahre gelebt hatte, seit der Zeit Karls des Großen, dessen Waffenschmied er gewesen war.« Könnte man nicht, fragt Peignot in seinen *Amusements philologiques*, denen wir diese Geschichte entnehmen, könnte man hier nicht das *credat Judaeus Apella* anwenden?[9] Wie dem auch sei, man kennt einige seltene, doch einigermaßen authentische Fälle von Individuen, die in den letzten Jahrhunderten das derart reduzierte Alter Methusalems fast erreicht haben.

Zitieren wir namentlich einen Engländer, Thomas Carn, geboren am 28. Januar 1588 in der Gemeinde St. Leonhard in Shoreditch, der im Alter von 207 Jahren gestorben ist. Ein in London hochangesehenes medizinisches Journal, *The Lancet*, enthielt unlängst eine unter makrobiotischem Gesichtspunkt interessante Notiz über einen Einwohner von Santa Fe de Bogotà, Neu-Grenada, namens Michael Solio, halbspanischer Herkunft, der 180 Jahre alt sein soll. Die Notiz trägt den Titel: *Der älteste Mensch der Welt*. Diese so erstaunliche Tatsache ist keineswegs die einzige ihrer Art. Die Annalen der Wissenschaft enthalten mehrere vergleichbare Fälle, die in *The Insurance Hand-book* von C. Walford gesammelt wurden und in noch jüngerer Zeit in einem populärwissenschaftlichen Periodikum mit dem Titel *La Vie*. Politiman, der Arzt war, also von einer Profession, in der die durchschnittliche Lebensdauer geringer ist als die in anderen freien Berufen, und der zudem trunksüchtig war, ein weiterer Grund für die Verkürzung des Lebens, lebte dennoch nicht weniger als 140 Jahre. Noch am Vorabend seines Todes nahm er, und zwar mit viel Geschick, wie es heißt, eine chirurgische Operation vor. Politiman war Franzose und Lothringer. Die Gräfin von Desmond, eine Irländerin, lebte über 140 Jahre, laut Walford 148 Jahre. Ihre Geschichte wird lang und breit von dem berühmten Bacon erzählt. Sie starb 1612.

Die Geschichte hat das Gedächtnis an den alten Thomas Parr und die törichte Frage bewahrt, die König Karl I. an ihn richtete, als er diesem vorgestellt wurde:

– Du bist sehr alt, nun, was hast du mehr getan als die anderen?

– Ich habe länger gelitten! war die naive und harte Antwort des alten Proletariers.

Es ist dies das berühmteste Beispiel für die Langlebigkeit eines armen Mannes, das in England unter dem Namen *The Old Man* bekannt und sehr populär ist. Er wohnte im tiefsten Shropshire, wo er auch geboren war. Da der Hof begierig war, ihn zu sehen, ließ man ihm eine *Einladung* zukommen, die, weil sie vom König ausging, natürlich ein Befehl war. Parr antwortete, er werde zu Fuß kommen. Er nahm seinen Stock und machte sich auf den Weg. Die Entfernung von seinem Alterssitz bis zur Hauptstadt Englands ist groß. Schließlich kommt er in London und im Königspalast an. Dort feierte man ihn so sehr, daß er an Müdigkeit ... und überfülltem Magen starb. Er hatte mit 120 Jahren geheiratet und war 152, als er starb. Die Autopsie wurde von Harvey vorgenommen, dem berühmten Entdecker des Blutkreislaufs (– vorbehaltlich der Präzedenzansprüche des Michael Servetus –).

Harvey fand keine der anatomischen Modifikationen, die für den natürlichen Alterstod charakteristisch sind. Der alte Parr hätte demnach ohne die ganz zufällige Krankheit, die ihn hinwegraffte, noch mehr oder weniger lange weiterleben können.

Drakenberg, ein dänischer Matrose, lebte 146 Jahre.

John Tyler starb mit 133 Jahren. Dieses Beispiel ist wiederum deshalb interessant, weil Tyler Bergarbeiter war und weil die Arbeit in den Bergwerken zu denen gehört, die die Lebensdauer am meisten verkürzen.

Nach Hufeland hieß der älteste Deutsche, die je gelebt haben, Georg Wunder, der 136 Jahre lebte; doch es ist mehr als zweifelhaft, daß der Verfasser der *Kunst, das menschliche Leben zu verlängern* alle erforderlichen Nachforschungen unternommen hatte, um seine Meinung zu rechtfertigen.[10] Deutschland, so scheint uns, weist viele Alte, doch wenige Beispiele eines sehr langen Lebens auf.

Wunder, der Älteste der langlebigen Teutonen, wurde am 23. April 1626 in Wulcherstadt in der Gegend von Salzburg geboren. Er lebte mit seiner Frau 1754 in Greiz – wenn man Hufeland glauben darf. Wegen seiner anerkannten Verdienste sprach man ihm eine Wohnung im Hospital zu. Nach einigen Jahren starb seine Frau, der bis dahin seine größte Sorge gegolten hatte, im Alter von 110 Jahren. Man ließ ihn auf der Stelle in das Waisenhospiz umziehen, wo er bis zu seinem Tode am 12. Dezember 1761 beköstigt wurde. Gegen Ende seines Lebens wurde er wieder zum Kind, ging nur noch auf Krücken gestützt, behielt aber Gehör und Gesichtssinn bis zum letzten Augenblick. Sein Bildnis findet sich ebenso wie das seiner Frau in Greiz.

Jonas Surington, ein norwegischer Bauer, geboren in Bergen, starb 1797 im Alter von 159 Jahren.

Henry Jenkins, aus der Grafschaft York in England, lebte 169 Jahre.

Johann Rowic, ein Ungar, 1741 geboren in Temeswar, lebte 172 Jahre.

Ein anderer Ungar namens Czarten (Petraez) starb 1724 im Alter von 185 Jahren.

Kentigern, der Begründer des Bistums Glasgow, starb ebenfalls mit 185 Jahren, doch man darf an dem genauen Alter dieses schottischen bischöflichen Zentenars einige Zweifel hegen.

Schließlich nennt die *Gazette von Sankt-Petersburg* von 1812 Einzelheiten, die vertrauenerweckend scheinen, über einen Russen der Diözese Ekaterinoslaw, der (im Jahr 1812) das Alter von von 202 Jahren erreicht hat.

Athen und Rom verzeichneten in ihren Fasti alle Tatsachen, die ihre Hundertjährigen betrafen. Die Alten haben uns einige erstaunliche Tatsachen überliefert, die Peignot in seinen *Amusements philologiques* gesammelt hat.

Empirische Mittel

> *Seine Tage verlängern wollen heißt sich*
> *für längere Zeit das Vergnügen verschaffen,*
> *über das Leben zu klagen.*
>
> Hoffmann

»Langes Leben«, sagt Hufeland, der berühmte deutsche Arzt, der gegen Ende des letzten Jahrhunderts lebte und der uns ein merkwürdiges Buch über *Macrobiotic oder Die Kunst, das menschliche Leben zu verlängern* hinterlassen hat, »langes Leben war von jeher ein Hauptwunsch, ein Hauptziel der Menschheit«, und dieser Gegenstand sei »seit 8 Jahren [...] die Lieblingsbeschäftigung meiner Nebenstunden gewesen«.[11] Alle, die sich mit Langlebigkeit beschäftigt haben, scheinen von ihrem Gegenstand eigentümlich begeistert zu sein. Alle sagen übereinstimmend, es stehe in unserer Macht, nicht nur unsere Tage zu verlängern, sondern auch unsere Genüsse anwachsen zu lassen.

Cornaro, dieser Inbegriff eines strikten Abstinenzlers, macht mit 85 Jahren die Entdeckung, daß der Geist sich in dem Maße vervollkommnet, wie der Körper altert! Fontenelle erklärt, daß die Jahre, in denen er am glücklichsten war, die von fünfundfünfzig bis siebzig gewesen seien!! Mit siebzig Jahren behauptet Buffon, jedes Jahr sei für ihn eine neue Freude!!!

Der alte Cornaro ist bei diesem Thema sogar zu Scherzen aufgelegt. Er sagt: »Um wieviel abenteuerlicher ist es nicht, sehr lange Tage zu leben? Wenn man Kardinal ist, kann man Papst werden; wenn man irgendeinen herausragenden Posten in der Republik einnimmt, kann man deren Chef werden; wenn man Wissenschaftler ist oder sich in irgendeiner Kunst auszeichnet, kann man einen noch höheren Grad an Auszeichnung erreichen.«

Es ist die »Lebenskraft« in uns, der wir ein sehr langes Leben verdanken, versichert uns Dr Hufeland sehr ernsthaft. Mit anderen Worten, je mehr Lebenskraft wir haben, desto mehr Vitalität haben wir! Unser Leben, fügt der brave deutsche Doktor hinzu, ist fortwährend umgeben »von Freunden und von Feinden«.[12]

Welches diese »Freunde« und diese »Feinde« sind, werden wir in den nächsten Kapiteln sehen.

Unterdes scheinen die Feinde unseres Lebens heute die Oberhand zu gewinnen. Sie sind in jüngster Zeit erschreckend stärker geworden. Die Fortschritte des Luxus und der Wollust verkürzen gerade dadurch, daß sie die Intensität unseres Lebens steigern, im selben Maße dessen Dauer. Die Menschen, sagt Hufeland, scheinen eifrig damit befaßt, einander insgeheim zu verderben, ohne daß irgend jemand es ahnte, und sie tun es oft auf die liebenswerteste und höflichste Weise, die man sich denken kann.

Sehr lange zu leben war immer die Chimäre der Menschen, seit die Welt besteht. Die Ägypter glaubten, diesen Traum durch Medikamente verwirklichen zu können, die das Erbrechen und das Schwitzen anregen. Daher nahm man wenigstens zwei Brechmittel pro Monat, und statt einander zu fragen: Wie befindest du dich?, sprach man sich an mit den Worten: Wie schwitzt du?

Auch die Griechen und Römer waren schon früh davon überzeugt, das sicherste Mittel, ein fortgeschrittenes Alter zu erreichen,
sei die Praxis einer vernünftigen Hygiene. Das Mittelalter, diese tau-
sendjährige Nacht, war ganz gewiß die fruchtbarste Epoche extra-
vaganter Ideen über die Kunst, das Leben zu verlängern. Zu Beginn
des 14. Jahrhunderts sehen wir Raimundus Lullus, wie er aus dem
Destillierkolben und den alchimistischen Öfen die Quintessenz des
Lebens gewinnen will. Sehen wir uns während dieser Epoche der Barbarei und der Finsternis, die man mit Recht als Verdunkelung des
menschlichen Geistes bezeichnet hat, nicht vor allem beschäftigt mit
der *materia prima*, der Sympathie der Körper, dem bösen Blick, dem
Stein der Weisen, den chemischen Transmutationen und damit, uns
vor dem Einfluß gewisser Gestirne zu schützen? Man erinnert sich,
um heute darüber zu spotten, an jenen Rat, den Marsilio Ficino in
seiner Abhandlung über die Kunst, das Leben zu verlängern, vor zwei
Jahrhunderten vorsichtigen Leuten gab, alle *sieben* Jahre (das große
Septennat der Kabbala spielt hier eine höchst bedeutsame Rolle)
einen Sterndeuter aufzusuchen, um zu erfahren, welchen Gefahren
sie in den folgenden sieben Jahren ausgesetzt sein würden. Er empfahl
ihnen vornehmlich, die Substanzen der heiligen drei Könige (Gold,
Weihrauch und Myrrhe) in Ehren zu halten und gehörig von ihnen
Gebrauch zu machen. Ebenso empfahl Pansa in einer Abhandlung,
die er 1470 dem Rat der Stadt Leipzig dedizierte, den Mitgliedern
dieser Versammlung sehr angelegentlich, sich vor allen Dingen darum
zu bemühen, die günstigen und ungünstigen Konstellationen der
Gestirne in Erfahrung zu bringen und besonders alle sieben Jahre auf
der Hut zu sein, wenn die Herrschaft des Planeten Saturn anbricht,
dessen Einfluß böse und feindselig ist! Anstelle von Gold, Weihrauch
und Myrrhe empfiehlt Hufeland sehr besonnen Licht, Wärme und
Luft, die er in die vorderste Reihe der Freunde des Menschen stellt.
Entsprechend muß man ihm zufolge Dunkelheit, Kälte und verdor-
bene Luft als unsere furchtbarsten Feinde betrachten.[13]

Der Adept mag uns noch so sehr sein Elixier vorweisen, zu dessen
Hauptbestandteilen Goldtinktur, in Zitronensaft aufgelöste Perlen,
pulverisierter Smaragd und Hyazinth, Bezoarsteine, das Horn des
Einhorns usw. zählen, und uns versichern, jeder, der diesen inkorpo-

rierten Lebensgeist gebrauche, könne gewiß sein, lange zu leben; wir werden dennoch die Augen abwenden, mit den Achseln zucken und jenen kleinen Vers summen, der von der Weisheit der Völker zeugt:

> Um zehnmal zehn zu leben,
> muß man um sechs aufstehen,
> um zehn seine Suppe essen,
> um sechs am Abend soupieren
> und um zehn schlafen gehen.

Von all den Prozeduren zur Lebensverlängerung, die das an bizarren Ideen doch so reiche Mittelalter hervorgebracht hat, ist die sonderbarste gewiß die Gerokomie. Nicht mehr auf die okkulten Wissenschaften, sondern auf mehr oder weniger phantastische Vorstellungen von Physiologie gestützt, glaubte man einen alten abgelebten Körper verjüngen oder wenigstens erhalten zu können, wenn man ihn mit einem jugendlichen Körper voller natürlicher Wärme und in der ganzen Kraft seiner jungen Jahre in Berührung brachte.

Die erste Erwähnung dieses heroischen Mittels findet sich in der Bibel. Als der alte König David am Ende seiner Kräfte war, ja in den letzten Zügen lag, forschte man im ganzen Land nach dem schönsten Mädchen Israels, um sie ihm zu geben, damit er in ihren Armen wiederaufleben und neue Vitalität gewinnen könne. Zweitausendsechshundert Jahre später wandte Boerhaave, der berühmte holländische Arzt, dieses Verfahren, das er aus seiner Lektüre der Heiligen Schrift geschöpft hatte, auf einen alten Amsterdamer Bürgermeister an. In Erwägung des völlig kalten und erschlafften Temperaments seines Klienten mußte er nur zwei junge, äußerst wohlgestalte Holländerinnen in Anspruch nehmen, um das gleiche Ergebnis zu erzielen.

Die Verlängerung einer menschlichen Existenz durch die Transfusion von Blut beschäftigte die Gemüter schon zu Beginn des 17. Jahrhunderts. Man glaubte das Problem der dauerhaften Verjüngung und der Heilung aller Krankheiten gelöst zu haben. So gelang es wenigstens für einige Zeit, domestizierten Tieren das Gehör, die Beweglichkeit und Munterkeit wiederzugeben, die Alter oder Krankheit ihnen genommen hatte. Man ging so weit, in die Adern eines von

Natur aus furchtsamen Tiers das Blut eines wilden Geschöpfs zu injizieren. Man scheute sich nicht einmal, dieses Verfahren auf den Menschen anzuwenden. Zwei Empiriker namens Riva und Denys in Paris ließen einem jungen Mann, der in einen Zustand der Lethargie gefallen war und den man bereits aufgegeben hatte, ausbluten; man ließ ihm das Blut eines Lamms in die Adern fließen, und er kam wieder zu Sinnen.

Es ist sogar von einem Wahnsinnigen die Rede, dessen Blut man durch Kalbsblut ersetzte und der die Vernunft wiederfand.

Unsere modernen Ärzte haben es verstanden, dieses Verfahren zu vervollkommnen, das, mit Bedacht angewandt, einigen Menschen das Leben erhalten hat. Vielleicht ist dies ein neuer Weg, den die Physiologen noch keineswegs genügend erforscht haben und der denen, die ihn beschreiten könnten, glänzende und vielleicht ganz unerwartete Resultate zeitigt.

Diät

> *Ihr beklagt euch über die Vielzahl eurer*
> *Übel? Verjagt eure Köche!*
>
> Seneca

Für einen einzigen, der an Entbehrungen zugrunde geht, gibt es tausend, die an Gefräßigkeit sterben. Die Kochkunst mit ihren Raffinements hat mehr Opfer gefordert als Krieg und Cholera. Das Talent eines Küchenchefs besteht in erster Linie darin, unsere Begierden über unsere Bedürfnisse hinaus zu steigern, uns mehr essen zu lassen, als nötig ist, um den Körper zu ernähren und seine Verlust auszugleichen. Man ißt nicht, man diniert, man soupiert, speist üppig. Man verwechselt den Appetit des Gaumens mit dem des Magens. »Die Künste der Köche und Bäcker«, sagt Plutarch, »mit ihren Saucen und Würzen verfeinern ständig die Genüsse und überschreiten die Grenzen des Zuträglichen.« Die Folge ist, daß unser Bauch, diese große Fabrik des Körpers, wo die Nahrungsmittel verarbeitet werden, wo sich die Reststoffe sammeln, wo sich das Blut bildet, um dann in den

Lungen belebt zu werden, daß unser Bauch zwei- oder dreimal mehr Nahrung empfängt, als er verdauen kann.

Eine andere Ursache der funktionellen Störung besteht darin, eine große Quantität von Nährstoffen in kleinem Volumen zu sich zu nehmen. Man schlingt eine Consommé hinunter, die an Nährwert den konzentrierten Reichtum mehrerer Mahlzeiten enthält. Man stopft sich den Bauch mit Saucen, Fleischsäften, Extrakten aller Art voll und wundert sich dann, daß diese anormale Nährstoffaufnahme den Magen derangiert, der sich dagegen empört und eine Arbeit, die seine Kräfte übersteigt, nur unvollkommen ausführt. Die Folge sind Indigestionen, Dyspepsie und Sodbrennen, das dunkle Gefolge der Übel, die von Purgon aufgezählt werden.

Jede abdominale Unordnung greift nun aber die Gesundheit an und verkürzt das Leben. »Nicht das, was wir essen, sondern das, was wir verdauen, kommt uns zu gute und gereicht uns zur Nahrung«, sagt Hufeland.[14] Die Verdauung der Nahrungsmittel ist nur möglich, wenn diese sich gründlich mit den Magensäften vollsaugen, und sobald man Hunger verspürt, konzentrieren sich diese Säfte. Man soll seine Mahlzeiten zu festgesetzter Stunde einnehmen, seine Nahrung gründlich kauen, sich davor hüten, bei Tisch zu lesen oder zu studieren und nicht so lange zu essen, bis man seinen Magen spürt. Man soll allzu wäßrige Substanzen meiden und vornehmlich gelatineartige, zähflüssige, mit eisenhaltigen Partikeln versehene Nahrungsmittel wählen. Man soll – am besten zu jeder Art Fleisch – Gemüse, Zerealien, Früchte, Käse essen. Die meisten berühmten Makrobier waren Vegetarier. Suppe ist ein ausgezeichnetes Nahrungsmittel; je älter ein Mensch wird, desto mehr sollte er davon essen. Übrigens, je einfacher ein Nahrungsmittel ist, desto leichter ist es verdaulich; je zusammengesetzter eine Speise ist, desto schwerer ist sie zu verdauen. Eier, Butter, Mehl und Milch sind, jedes für sich, gut verdaulich, doch man mache daraus einen Teller Pfannkuchen, und unser Magen wird viel mehr Mühe haben, sie zu bewältigen.

Brot ist bereits von sich aus ein vollständiges Nahrungsmittel; das Gluten, das in seine Zusammensetzung eingeht, ist eine stickstoffhaltige Substanz ähnlich dem Fibrin und dem Legumin. Es ist besser, weder zu warm noch zu kalt zu essen oder zu trinken und vor allem nicht Kaltes zu trinken, wenn man Warmes ißt. Zucker und Zuckerwerk sind ungesund, sowohl für die Zähne als auch für den Magen. Man soll wenig am Abend essen und die letzte Mahlzeit des Tages ein paar Stunden bevor man zu Bett geht zu sich nehmen. Der Gebrauch von Gewürzen soll stets mäßig sein. Besser wäre es, überhaupt nicht darauf zurückzugreifen. Wenn der Appetit durch künstliche Mittel stimuliert wird, kann sie der Magen bald nicht mehr missen. Plutarch vergleicht denjenigen, der Gewürzen einen künstlichen Appetit verdankt, mit dem Ehemann, der seine Frau vernachlässigt, um einer Kurtisane nachzulaufen, die weniger hübsch, aber deftiger ist. Zwei Gänge bei jeder Mahlzeit reichen völlig aus, doch man muß sie möglichst jeden Tag variieren und sorgsam die Monotonie derselben Gerichte bei seiner Ernährungsweise vermeiden. Die wesentliche Mahlzeit, das heißt das Diner, sollte wie früher bei unseren Vätern in der Mitte des Tages liegen und nicht zwischen sieben und acht Uhr abends, wie es heute der Fall ist. Trinken sollte man in hinreichender Menge gutes reines Quellwasser; es ist das beste der Getränke. Es ist auch das beste Verdünnungsmittel. Bier kann das Wasser in jenen Gegenden ersetzen, in denen dieses von schlechter Qualität ist. Der Wein – dieses einzigartige Elixier und wunderbare Stimulans – sollte auf einem einfachen Tisch nur an Festtagen vorhanden sein, und zudem müssen junge Leute sich enthalten, davon zu trinken. Man soll Spirituosen und im übrigen jedes fermentierte Getränk meiden. Alkohol ist *in keiner Hinsicht* von Nutzen. Er steigert für kurze Zeit die Lebenskräfte, doch indem er auf diese Weise die innere Konsumtion vermehrt, stumpft er den Willen ab, zerstört den persönlichen Antrieb, trübt das Denken und zermürbt rasch die Organe. Der größte Teil der Bewohner der Erdoberfläche begnügt sich mit Wasser als Getränk und befindet sich damit gewiß nicht schlecht. Hufeland führt die heilsamen Eigenschaften des Wassers darauf zurück, daß Sauerstoff eines seiner konstitutiven Bestandteile ist und daß man, wenn man Wasser trinkt, dieses lebenswichtige Stimulans leichter assimiliert.[15] Heiß nach der Mahlzeit genommen, ist schwarzer Kaffee ein ausgezeichneter Digestif und ersetzt vorteilhaft den Aufguß gerösteter Eicheln, den unsere Vorfahren tranken. Tabak in welcher Form auch immer ist untersagt. Er ist übrigens ein weiteres der Bedürfnisse, die man sich unnötigerweise geschaffen hat. Zurückhaltung, Mäßigung in allen Dingen, ist die Freiheit des Gehirns, ist Gesundheit, ist Leben.

Dennoch wollen wir jeden, der sich einer vollkommenen Gesundheit erfreut, an die Worte von Kelsos erinnern: »Sich niemals einer Sache gänzlich enthalten; bei Gelegenheit sich sogar einen leichten Verstoß gegen die Gesetze der Temperenz gönnen; doch in der Regel maßvoll leben.«

Hygiene

> *Ich weiß nicht, wie man sich des Anstands und der Sauberkeit entschlagen kann, wenn nicht mehr nötig ist als den Hut zu ziehen, um Anstand zu zeigen, und ein Glas Wasser, um reinlich zu sein.*
>
> *Heinrich IV.*

Chomel sagte, man verdaue ebensosehr mit den Beinen wie mit dem Magen. Gut zerkauen [*mâcher*] und viel laufen [*marcher*], das sind die beiden großen Geheimnisse eines langen Lebens, versicherte Dr Bosquillon. Ein wenig körperliche Betätigung nach jeder Mahlzeit, wenn sie moderat ist, läßt die Energie der vom Verdauen erschlafften Organe wiederaufleben. Spaziergänge am Morgen sind wertvoller als die am Abend, ebenso wie die Arbeit am Morgen wertvoller ist als die am Abend. Die Luft ist bei Tagesanbruch gesünder, belebender, die Pflanzen geben zu dieser Tageszeit in Fülle Sauerstoff ab, während sie, wenn die Sonne untergegangen ist, Kohlensäure ausatmen.

Betrachtet man den Menschen hinsichtlich seines Körperbaus, berücksichtigt man seine schlanke Statur und die Beweglichkeit seiner Glieder, kommt man nicht umhin, wie Friedrich der Große zu denken und zu sagen, daß die Natur uns eher dazu gemacht hat, Postillone zu werden als Gelehrte. Was nicht heißt, daß der Mensch ein Akrobat sein müsse.

Die körperliche Bewegung, versichern die Ärzte einhellig in diesem Punkt, ist für unsere Gesundheit ebenso wie wichtig wie Trinken und Essen. Man wird also Sorge dafür tragen, jeden Tag ein wenig außerhalb der Stadt spazierenzugehen, wenn man die reinere Luft auf dem Lande einatmen kann. Man sollte jeden Tag die Fenster der Wohnung, die man bewohnt, öffnen, da die durch die Atmung verbrauchte Luft eine primäre Ursache von Krankheit und Infektion ist. In einer großen Stadt sollte man besser die Mansarde als das Halbgeschoß und vor allem nicht das Erdgeschoß unserer modernen sechsstöckigen Häuser bewohnen. Im Winter wird man in den Wohnungen eine stets gleiche Temperatur einhalten, die 19 °C nie übersteigt. Pflanzen, duftende Blumen, die man in einem Zimmer versammelt, – eine große Zahl von Kerzen, die man dort entzündet, – Holzkohle, die man dort verbrennt, – sind ebenso viele Gifte, welche die Luft verderben und Personen, die in einer derart verbrauchten Atmosphäre einschlafen, ersticken können. Die großen Städte, sagt Hufeland, sind die Gräber des Menschengeschlechts, in moralischer wie in physischer Hinsicht.

Selbst in einer kleinen Stadt ist es, wenn die Straßen eng sind, besser, das Zentrum zu meiden und seinen Wohnsitz in den Ausläufern oder in der Umgebung des Ortes zu nehmen. Es ist unbestreitbar, daß die Landleute nicht nur ihrer frugalen Nahrung, sondern auch der körperlichen Bewegung, die die Mühe der Feldarbeit erfordert, und ihrer reinen Atemluft wegen in Betracht auf Langlebigkeit außerordentlich begünstigt sind. Es wäre angezeigt, unsere Gewohnheiten den ihren möglichst anzunähern, wenn uns an guter Gesundheit und langem Leben liegt. Es ist ein sehr alter Glaube, daß die Ausdünstungen, die sich aus der ausgewaschenen Erde verbreiten, für diejenigen, die sie einatmen, heilsam sind, und Francis Bacon rät demjenigen, der von Lungenschwindsucht bedroht ist, dem Pflug zu folgen oder seinen Garten umzugraben.

Müßiggang ist mit einem langen Lebensweg unvereinbar. So lebt der Bär, ein phlegmatisches Tier, das Winterschlaf hält, nicht lange; »ein schlimmer Trost«, sagt Hufeland, »für diejenigen, die im Nichtsthun das Arcanum zum langen Leben gefunden zu haben glauben«.[16] Gärtnerei, die Gartenarbeit, eine Art der körperlichen Betätigung, die seßhaften Leuten zugänglich ist, dient der Gesundheit ebenso, wie sie für den Geist anziehend ist. Körperliche Bewegung, die Muskelbewegung, solange sie moderat ist, vermehrt die Transpiration, regt die Lebenskräfte an, führt zu einer größeren Menge von Sauerstoff in der Lunge, entwickelt die tierische Wärme und erleichtert die vollständige Erneuerung des Körpers derart, daß sie Mannhaftigkeit des reifen Alters mit der Geschmeidigkeit der Jugend verbindet.

Jeder Bewegung muß eine Zeit der Ruhe folgen. Der Schlaf, der eine Unterbrechung, ein scheinbarer Verlust des Lebens, verschafft der menschlichen Maschine jene Ruhe, jene Benommenheit der Sinne, die es ihr erlaubt, ihre Arbeit der Wiederherstellung fortzusetzen. Sein Hauptzweck ist es, die Verluste wiederauszugleichen, die man während des Tages erleidet, die innere Konsumtion zu regulieren, zu retardieren; er ist für das Leben, was die Unruh für die Uhr ist. Die Blätter der Bäume und die Blumen haben ihren täglichen Schlaf ganz ebenso wie der Mensch. Manche Pflanzen, wie der *Tragopogon luteum* [Gelber Bocksbart], schließen sich am Morgen, statt in der Nacht zu schlafen, andere während des Nachmittags; sie erinnern an Nachtfalter, die nur am Abend fliegen und tagsüber ruhen.

Zu den Zeichen für die Wahrscheinlichkeit eines langen Lebens sollte man einen gewöhnlich friedlichen und tiefen Schlaf rechnen. Nichts reibt unseren Organismus rascher auf als eine anhaltende Schlaflosigkeit. Der Schlaf hält nicht nur die Konsumtion auf, welche die Praxis des Lebens nach sich zieht, sondern er gibt uns in gewisser Weise die Fähigkeit, »alle Tage von neuem gebohren zu werden«[17] und aus dem Nichtsein in eine neue Existenz überzugehen. »Nehmt dem Menschen Hoffnung und Schlaf«, sagte ein großer Philosoph, »und er ist das unglücklichste Geschöpf auf Erden.«[18] Es gibt zwischen dem Menschen und der Welt einen mystischen Zusammenhang, der während der Nachtstunden auf den Organismus spürbar Einfluß nimmt und gewisse wohltätige Krisen bestimmt, deren Entwicklung der Wachzustand verhindert. Mancher glaubt, es sei völlig einerlei, sofern man nur eine bestimmte Zahl von Stunden schläft, ob man den Tag oder die Nacht dem Schlaf widmet. Das ist ein ungeheurer Irrtum. Der Tag muß der Arbeit und die Nacht dem Schlaf gegeben werden. »Die durchwachten Nächte verkürzen unsere Tage«, sagte Bacon. Mit einem Buch in der Hand einschlafen oder in der Nacht arbeiten hat darüber hinaus den Nachteil, die Augen zu ermüden.

Diese unselige Angewohnheit läßt uns die schicklichste Zeit für die

Arbeit verlieren, nämlich den Morgen. Zu dieser Tageszeit haben wir die meiste Kraft, die meiste Energie und die größte Klarheit unserer Gedanken. Alle, die ein hohes Alter erreicht haben, liebten es, zeitig aufzustehen. Wesley, der Begründer der Methodistensekte, war von den Vorzügen dieser Gewohnheit so sehr überzeugt, daß er daraus einen Religionsartikel machte und dabei 88 Jahre alt wurde. Ihm verdanken die Engländer die Maxime:

Early to bed and early arise,
Makes the man healthy, wealthy and wise.

Indem er die Gesetze der Natur umkehrte, starb Lacaille als Opfer seiner Liebe zur Wissenschaft im Alter von 49 Jahren. Es war eine Art Selbstmord. Dieser große Astronom kam auf den Gedanken, seinen Kopf auf eine entsprechend justierte Gabel zu legen, und verbrachte so die Nächte mit der Himmelsbeobachtung, ohne, wie ein geistreicher Mann gesagt hat, andere Feinde zu kennen als den Schlaf und die Wolken.

Manche wenden ein, sie könnten nur zu fortgeschrittener Nachtstunde einschlafen und blieben wach, wenn sie sich zu Bett legten. Das ist eine Angewohnheit. Wir raten allen, die diesen Einwand erheben, eine ganze Nacht und den folgenden Tag ohne Schlaf zu bleiben. Wir haben Grund zu glauben, daß in der folgenden Nacht der Schlaf ihnen unverzüglich die Lider schließen wird.

Man kann, sagt Hufeland, jeden Tag als einen Abriß unseres Lebens betrachten; der Morgen ist die Jugend, der Mittag das Mannesalter und der Abend das Alter.

Das Zimmer, in dem man schläft, muß abgeschieden, geräumig und hoch sein. Man darf darin niemals heizen und soll den ganzen Tag über die Fenster offen lassen. Die Schule von Salerno verordnete zu Unrecht dem jungen Mann und dem Alten unterschiedslos sieben Stunden Schlaf. Letzterer schläft weniger als der Jüngling, weil sein Leben weniger Intensität hat und seine Verluste schwächer sind, er also weniger der Erholung bedarf. Frauen müssen im allgemeinen länger schlafen als Männer. Jedesmal wenn ein gesunder Mensch mehr als zehn Stunden im Bett verbringt, liegt offenkundig ein Mißbrauch vor. Das Federbett ist, nach dem Ausdrucke Kants, eine Brutstätte von Krankheiten.

Es genügt nicht, eine gute Konstitution zu haben, man muß sie auch durch wohlverstandene Hygiene sorgfältig erhalten. Die Pflege der Haut muß als eines der Hauptmittel zur Verlängerung des Lebens betrachtet werden. Ohne die Tätigkeit der Haut ist weder Gesundheit noch ein langes Leben zu erhoffen. Die Kunst, hundert Jahre alt zu werden, hat diesen Preis. Der Gebrauch des Bades ist von entscheidender Bedeutung, um die Funktionen des Hautmantels zu regulieren. Man kennt den ungeheuren Luxus der Etablissements, die im alten Rom dem Baden gewidmet waren, das nach und nach zu einer wahren sozialen Notwendigkeit wurde. Die römische Invasion verschaffte den Galliern prächtige Bäder; die konstantinischen Chlorthermen und die julianischen Thermen, deren Überreste man am Boulevard Saint-Michel in Paris sehen kann, belegen ihre Bedeutung. Unter den gallischen Königen verlor sich die Verwendung der Bäder in Frankreich, doch die Kreuzfahrer brachten diese Gebräuche des Orients zurück, und die Bäder kamen wieder in Mode. Man verfeinerte sie sogar gegenüber den Alten. Das Dampfbad und das Badehaus gewannen die Gunst des Publikums. Die »Bader«, eine Art von Badeärzten, wohnten in der Rue des Étuves. Jeden Morgen liefen sie durch die Straßen der Hauptstadt und riefen:

Seignor que allez baignier
Et estuver sans delaïer
Les bains sont chaud etc.

Das einfache oder Reinigungsbad dient dazu, die Haut, unser hauptsächliches Purgationsmittel, von alten und unnützen Hautschichten zu befreien, die sich auf ihrer Oberfläche sammeln und sich mit Staub, mit Fett- oder Talgstoffen, welche die Epidermis unaufhörlich absondert, sowie mit Rückständen der Transpiration vermischen.

Die Haut unterstützt kraftvoll die Lungen bei dem Phänomen der Atmung: sie absorbiert eine gewisse Menge von Sauerstoff, der in der atmosphärischen Luft enthalten ist, und gibt dafür Kohlensäure und Stickstoff ab. Man ruft binnen kurzer Zeit bei einem Tier – einem

Pferd zum Beispiel – eine typhoide Krankheit hervor, wenn man es mit einer Firnisschicht überzieht, oder sogar den Erstickungstod, wenn man das Experiment länger fortsetzt. Ohne eine offene Haut also keine vollständige Restauration.

Im Sommer haben Flußbäder außer ihrer reinigenden Wirkung den Vorteil, daß sie von Kindheit an mit dem Schwimmen vertraut machen. Sehr warme Bäder verstopfen die Haut. Man sollte es vermeiden, solche zu nehmen, wenn die Haut entzündet ist oder wenn der Badende an vermehrtem Blutandrang leidet. Lauwarme oder kalte Bäder haben diesen Nachteil nicht, und ihre Wirkung auf das System läßt sich entsprechend den medikamentösen Zusätzen abwandeln, die man damit vermischt. So werden Kleiebäder, Stärkebäder (besonders von gekochter Stärke) und, für begüterte Personen, Bäder mit dem Aufguß von Lindenblüten nachdrücklich als Sedativa empfohlen, um einen Schmerz zu beruhigen, Nervosität zu mildern oder eine Entzündung abzuschwächen. Anregende Bäder haben genau die gegenteilige Wirkung. Dazu gehören Schwefelbäder, Salzbäder, Meerwasserbäder, Tanninbäder usw. Von Blutbädern, die auf einem absurden Vorurteil beruhen, soll hier nicht die Rede sein. Man hat die Wirksamkeit von Milchbädern angepriesen, um die Haut geschmeidig zu machen, doch wir glauben, daß Glyzerin, das Prinzip der Weichheit der Öle, der beste Emulgator ist. Personen, die von einer Herzkrankheit befallen sind, tun gut daran, auf Dampfbäder zu verzichten und sie durch Bäder in warmem Sand, vor allem bei rheumatischen Schmerzen, zu ersetzen.

Auch trockene Abreibungen haben eine reinigende Wirkung auf die verletzliche Hülle, und während sie die Haut durchlässiger machen, indem sie künstlich die Wärmeabgabe dieses Integuments erhöhen, aktivieren sie gleichzeitig die allgemeine Zirkulation und entwickeln bis zu einem gewissen Punkt die elektrische Kraft der Ökonomie.

»Bei Pferden und andern Thieren«, sagt Hufeland, »ist der gemeinste Mann überzeugt, daß gehörige Hautkultur ganz unentbehrlich zu ihrem Wohlseyn und Leben sey. Der Knecht versäumt Schlaf und alles, um sein Pferd gehörig striegeln, schwemmen und reinigen zu können. Wird das Thier mager und schwach, so ist es der erste Gedanke, ob man vielleicht in der Hautbesorgung etwas versäumt oder vernachlässigt habe. Bey seinem Kinde aber und bey sich selbst fällt ihm dieser einfache Gedanke nie ein.«[19]

Was nun die Kleidung angeht, die man bequem und den Jahreszeiten gemäß wählen wird, sollte man alle Stoffe meiden, die wegen ihrer Undurchlässigkeit Schweiß hervorrufen und verhindern, daß das Produkt der Hautausdünstung hindurchgeht. Dazu zählen Pelze, Gummigaloschen usw., deren man sich nur bedienen soll, wenn es sehr kalt oder die Witterung sehr feucht ist. Es ist gut, unmittelbar auf der Haut einen Leinen- oder Baumwollstoff zu tragen, doch man darf sich nicht zu früh an Flanell gewöhnen, zumindest wenn man nicht an einem Katarrh, an Entzündungen oder rheumatischen Schmerzen leidet. Über der Bekleidung aus Leinen oder Baumwolle wird man im Sommer ein Kleidungsstück oder zwei aus demselben Stoff, im Winter aber ein wollenes Überkleid tragen. Man wechsle häufig die Wäsche, wenn es möglich ist, sogar täglich. Man erneuere häufig die Überzüge der Betten. Man wähle ein hartes Bett, Matratzen aus Wolle oder Roßhaar, die sich weniger mit den Ausdünstungen des Körpers vollsaugen als Federbetten.

Für die Pflege des Kopfhaars ist es die beste Kosmetik, sich von Zeit zu Zeit den Kopf mit kaltem Wasser zu waschen und die Haare dann mit einem Handtuch zu trocknen. Wenn sie zu trocken sind, reibe man sie mit ein wenig Olivenöl, Rhizinus, Makassar oder Glyzerin ein.

Man muß Zähne und Zahnfleisch pflegen, da es ohne ein gutes Gebiß keine gute Verdauung gibt. Das Beste ist es, nach jeder Mahlzeit den Mund mit einem aromatisierten Wasser auszuspülen.

Bekannt ist die wahre oder erfundene Geschichte des großen, herrlich eingebundenen Buches, das sich in der Bibliothek des berühmten Boerhaave aus Leiden fand und von dem er verkündet hatte, es enthalte die schönsten Geheimnisse der Medizin. Man schlug es auf, und es war von Anfang bis Ende weiß und unbedruckt; doch auf der ersten Seite war zu lesen: »Haltet den Kopf kalt, die Füße warm und den Bauch frei, dann braucht ihr keinen Arzt!«

> *Je mehr der Mensch der Natur und ihren*
> *Gesetzen treu bleibt, desto länger lebt er, je*
> *weiter er sich davon entfernt, desto kürzer.*
> Hufeland[20]

Die Lebensdauer beim Menschen war in allen Epochen auf unserem Erdball stets annähernd die gleiche. Man kann auch in unseren Tagen noch so alt werden wie Abraham und sogar wie die Patricharchen, die vor ihm gelebt hatten. Zweifellos gibt es Epochen, in denen die Menschen länger gelebt haben als in anderen unter denselben Himmelsstrichen, doch dieser Unterschied rührt viel eher von den Menschen als von den Ländern her. Solange die Bewohner den Beschäftigungen des Hirten, des Jägers oder des Ackerbauern treu blieben, lebten sie lange und erfreuten sich zumeist einer robusten Gesundheit; doch sobald der Luxus in ihre Lebensadern eindrang, kamen die Krankheiten, und es dauerte nicht lange, bis sich deren verhängnisvolle Folgen in ihrem Leben zeigten.

Der Mensch kann in fast allen Ländern ein fortgeschrittenes Alter erreichen, doch sind die kalten Klimata für die Langlebigkeit günstiger als die heißen. Im Orient zum Beispiel ist das Wachstum schneller, die Pubertät früher und das Leben folglich weniger lang. Es sind die Länder Nordeuropas, die uns die bemerkenswertesten Fälle äußerster Langlebigkeit liefern. Trotzdem gibt es einen mittleren Grad für Kälte wie für Wärme. Die exzessive Kälte Grönlands und die Temperaturen der heißen Zone verkürzen das Leben gleichermaßen. Bergländer sind für das Alter vorteilhafter als tiefgelegene Orte. Die Lebensdauer steht in direkter Relation zur Erhebung des Bodens über dem Meeresniveau. Trotzdem muß man auch hier wiederum einen Mittelwert setzen. Ein äußerster Grad von Höhe ist dem Leben nachteilig, und die Schweiz mit ihren Gipfeln und Gletschern liefert weniger Alte als die Berge Schottlands. Trotzdem zählen manche Täler, die eine spezielle Meteorologie aufweisen, viele sehr alte Menschen.

Eine gewisse Gleichmäßigkeit hinsichtlich der Temperatur trägt vorzüglich zur Lebensdauer bei. Gegenden, wo das Thermometer schroffen Wechseln unterliegt, sind einem langen Lebensweg niemals günstig. In Deutschland zum Beispiel, wo die Veränderungen des Thermometers extrem sind, ist die Lebensdauer relativ kurz. Einige Gegenden Ungarns werden als vorteilhaft für Langlebigkeit angeführt.

Eine andere ungünstige Ursache ist eine zu große Trockenheit oder zu große Feuchtigkeit. Hingegen ist eine mit feinen Dämpfen geladene Luft einem langen Leben vorteilhaft. Die Inseln waren von jeher, und sind es noch, ebenso wie die Halbinseln, die Wiege des Alters. So sind unter dem Gesichtspunkt einer äußersten Langlebigkeit England und vor allem Irland wiederum bemerkenswerter als Dänemark und Deutschland. Doch vor allem die kleinen Inseln sind die bevorzugtesten. Im Süden die Bermudas, die Inseln Barbados und Madeira, im Norden die Hebriden, die Orkney- und die Shetland-Inseln waren stets berühmt für ihr gesundheitsförderndes Klima und die Gleichmäßigkeit ihrer Temperatur.

In hohem Maße scheint es bei der Langlebigkeit auch auf den Boden anzukommen; ein Kalkboden ist für das Leben derer, die seine Oberfläche bewohnen, weniger günstig als Kieselerde. Der Aufenthalt auf dem Lande und in kleinen Städten ist für die Lebensdauer von Vorteil. Der in Großstädten ist für sie verhängnisvoll. Schweden, Norwegen, Dänemark und Großbritannien sind zu den Gegenden Europas zu rechnen, die in den letzten Jahrhunderten die ältesten Menschen hervorgebracht haben. Die extremen Fälle von Langlebigkeit gehören fast ausschließlich ihnen zu.

In Frankreich sind die Beispiele eines sehr langen Lebens eher rar. Allerdings starb dort 1782 im Alter von 140 Jahren ein gewisser Goldsmith, wahrscheinlich israelitischer Herkunft, und im selben Alter der Dr Politiman. Führen wir noch Philippe Louis de Vertot an, der 1786 im Alter von 124 Jahren in Montpellier starb.

Gleiches gilt für Italien und Spanien. Auf der Tabelle von Walford findet sich ein gewisser Debra, gestorben 1774 in Turin im Alter von 123 Jahren, und ein gewisser Pietro Mestanea 1743 im Alter von 130 Jahren in Veniel, Murcia.

Das Klima Griechenlands gilt noch heute, so wie früher, als sehr vorteilhaft für die Langlebigkeit. Tournefort begegnete in Athen einem alten Konsul, der 118 Jahre alt war. Er starb kürzlich in einem Kloster des Landes, ein alter Mönch von 117 Jahren, der Lord Byron gekannt und mit ihm Gespräche geführt hatte.

Überraschende Beispiele eines langen Lebens findet man in Virginia in den Vereinigten Staaten, auf Jamaika und an einigen Orten Südamerikas.

Ägypten und Ostindien bringen eine große Zahl von Hundertjährigen hervor. Im August 1880 starb in Kairo infolge eines Sturzes ein Greis, der gerade sein 120. Jahr erreicht hatte. Er war ein Israelit, gebürtig aus Smyrna, der seit etwa dreißig Jahren in Kairo wohnte.

Von der normalen Dauer des Lebens

> *Bruder, wir müssen sterben.*
> *Die Trappisten*

Das Lebensende, ist es vorherbestimmt oder nicht?

Kein Zweifel, daß jede Art von Geschöpfen und sogar jedes Individuum ein vorgeschriebenes Ende hat. Die natürliche Lebensdauer eines Wesens, dessen Lauf von keinem zufälligen Umstand unterbrochen wird, hängt vor allem von der Beschaffenheit seiner Organe ab, von der Geschwindigkeit oder Langsamkeit der Lebenskonsumtion und der Vollkommenheit oder Unvollkommenheit der regenerativen Funktion.

In jeder Klasse von Wesen hat das Leben ein bestimmtes Ziel, dem sich der von den verschiedenen Individuen zurückgelegte Weg mehr oder weniger nähert. Eine große Zahl von Naturforschern und Physiologen hat sich mit dieser Frage beschäftigt. Flourens legte diese Dauer auf mindestens 120 Jahre fest. War das eine willkürliche Schätzung? Nein.

Wissenschaftler können irren, und das kommt sogar oft vor, doch sie äußern sich nicht ohne Gründe, gute oder schlechte. Die von Flourens waren bereits von Aristoteles undeutlich gesehen und von John Grant, Dr Halley, DeWitt, Thomas Simpson und unserem großen Buffon sehr energisch vertreten worden. Flourens hatte der Lehre seiner illustren Vorgänger nur ein wenig mehr Präzision verliehen. In der Physiologie sind wie in der Physik alle Tatsachen Gesetzen unterworfen, von denen viele bereits bekannt sind und von denen uns eine größere Zahl noch entgeht.

Auf dem Gebiet, das uns beschäftigt, zeigt sich dieses Gesetz derart, daß jede Phase alles Lebendigen oder, wenn Sie lieber wollen, jede Entwicklung dieses Lebendigen eine bestimmte und stets gleiche Dauer hat, die zwar nur entfernt, aber doch an die rigorose Präzision der astronomischen Entwicklungen erinnert. Die Brutzeit der eierlegenden (oviparen) Tiere hat eine fast mathematisch fixierte Dauer, die Trächtigkeitsdauer der lebendgebärenden (viviparen) Tiere ist nicht viel variabler.

Die Wachstumsdauer sämtlicher Tiere ist nicht ebenso regelmäßig, doch regelmäßig genug, daß auch hier der Einfluß eines Gesetzes unverkennbar ist. Gewöhnlich sehen wir bei den Tieren wie bei den Pflanzen, daß Organismen, die früh Reife erlangen und sich vermehren, von vornherein zu einem kürzeren Leben verurteilt sind. Welcher Abstand zum Beispiel zwischen dem Schimmelpilz, der nach einer Stunde verkümmert, und der Zeder oder dem Affenbrotbaum, diesen jahrhundertealten Ungetümen alter Wälder, die tausend Jahre alt werden können! Die einkeimblättrigen Pflanzen verkümmern meistens, sobald sie Früchte angesetzt haben. Man kann allgemein die These vertreten, daß Bäume, die ihr Laub und ihre Früchte langsam erhalten und langsam verlieren, älter werden als solche, deren Belaubung und Befruchtung schnell verlaufen.

Die Kunst des Gärtners neigt dazu, das Leben der Pflanzen zu verkürzen, so wie das überanstrengte Leben in einer großen Stadt die Lebensdauer der Bewohner verringert. Die wildlebenden, sich selbst überlassenen Pflanzen sind ausdauernder als die kultivierten. Gleichwohl gibt es ein- oder zweijährige Pflanzen, die man durch Pflege viel länger am Leben halten kann. Selbst bei den Pflanzen gibt es Mittel, die das Ende ihres natürlichen Lebens hinauszuzögern gestatten.

Wenn wir uns nun dem Tierreich zuwenden, sehen wir den Elefanten, dessen langsames Wachstum der Grund für das zweihundertjährige Leben ist, das man ihm nachsagt. Die Schildkröte und das Krokodil, der Hecht und der Karpfen, die sich mit äußerster Langsamkeit entwickeln, wachsen noch als Hundertjährige. Der Lachs hingegen wächst schnell und lebt kurz. Allerdings könnte es scheinen, daß manche Vögel wie der Steinadler, die Krähe, der Geier, der Schwan, der Falke und der Papagei dieses von Flourens und seinen Vorgängern formulierte Gesetz widerlegen.

Wenn nun aber alle Entwicklungen eine festgelegte Dauer haben, so stehen sie notwendigerweise in bestimmten Verhältnissen zueinander und jede wiederum in einem Verhältnis zur Lebensdauer, die nur das Ganze oder, wenn man so will, die Summe aller anderen ist. Unter den Epochen des Lebens ist die Wachstumsperiode wiederum diejenige, die man mit der größten Genauigkeit bestimmen kann, unter anderem deshalb, weil sie in dem Moment endet, in dem das Knochensystem vollständig ausgebildet ist, und damit das Wachstum des Körpers in die Höhe – oder, wenn es sich um Vierfüßer handelt, in die Höhe und in die Länge –, welches genau meßbar ist. »Die gesamte Dauer des Lebens«, sagt Buffon, »läßt sich in gewisser Weise aus der des Wachstums errechnen«, und er legt die Gesamtdauer auf das Siebenfache der Wachstumsdauer fest. Allerdings hatte dieser große Naturforscher die Grenze des Wachstums beim Menschen auf 16 oder 18 Jahre fixiert, was ein erheblicher Irrtum war. Er kannte noch nicht das sichere Indiz für das Ende des Wachstums.

M. Flourens hat dieses Indiz in der Verbindung der Knochen an ihren Epiphysen gefunden und bei sieben Tieren mit hinreichender Präzision das Ende der Wachstumsperiode und ihre Lebensdauer bestimmt. Dabei ist er zu folgendem Ergebnis gelangt:

Das Wachstum

des	Menschen endet mit	20 Jahren, bei einer Lebensdauer von	90 bis 100
	Kamels	8 Jahren,	40
	Pferdes	5 Jahren,	25
	Löwen	4 Jahren,	20
	Hundes	2 Jahren,	10 bis 12
der	Katze	18 Monaten,	9 bis 10
des	Hasen	1 Jahr,	8
	Meerschweinchens	7 Monate,	7 bis 8.

Wie man aus dieser Tabelle ersieht, muß man die Wachstumsphase viel eher mit 5 als mit 7 multiplizieren, um zur Gesamtdauer sämtlicher Phasen, also zur Lebensdauer zu gelangen. Doch Flourens wiederum hat sich darin getäuscht, daß er die vollständige Entwicklungsphase der Knochen für die Grenze des Wachstums hielt, zumindest beim Menschen. Der Gelehrte Quetelet hat mit der Hilfe von mehreren hundert genauen Messungen bewiesen, daß der Mensch wahrnehmbar bis zum Alter von 25 Jahren und viel weniger deutlich, aber doch feststellbar bis zum Alter von 28, ausnahmsweise von 30 Jahren wächst. Hält man sich also an den kleineren Multiplikator, den von Flourens, und fixiert man die Grenze des Wachstums auf die Zeit, in der der Mensch nur noch um eine fast unmerkliche Größe wächst, so kommt man für die physiologische Lebensdauer des Menschen auf $25 \times 5 = 125$ Jahre.

Doch Flourens ging noch weiter. Indem er seine Behauptungen und seine Berechnungen auf die Ideen Hallers sowie auf eine große Zahl von Tatsachen gründete, welche die extreme Vitalität der Tiere betreffen, kam er dazu, das Leben in zwei Gruppen einzuteilen: 1. das gewöhnliche Leben; 2. das außergewöhnliche Leben. Dieses kann also das Doppelte von jenem sein, so daß der Mensch, Flourens zufolge, im äußersten Fall seine Lebensdauer auf 200 Jahre ausdehnen kann. Indem er die Grenzen der menschlichen Existenz derart hinausschob, mußte Flourens eine neue Einteilung der Lebensalter ersinnen. Er ordnet sie in vier Serien ein und verdoppelt dabei jede von ihnen.

Frühe Kindheit: – von der Geburt bis zum 10. Jahr; späte Kindheit oder Jugend: – vom 10. bis zum 20. Jahr.

Frühe Jugend: – vom 10. bis zum 30. Jahr; späte Jugend: – vom 30. bis zum 40.

Frühes Mannesalter: vom 40. bis zum 55. Jahr; spätes Mannesalter: – vom 55. bis zum 70. Jahr.

Frühes Alter: – vom 70 bis zum 85. Jahr; spätes Alter: – vom 85. Jahr bis zum Tod.

Wenn Flourens die Jugend bis zum 20. Jahr ausdehnt, so deshalb, weil ihm zufolge erst dann das Wachstum des Knochengerüsts und folglich das Längenwachstum des Körpers zum Abschluß kommt.

Wenn er das Jugendalter bis zum 40. Jahr verzögert, so deshalb, weil erst dann das Wachstum der Leibesfülle endet.

Wenn er das Mannesalter bis zum 70. Jahr verlängert, so deshalb, weil er eine Kräftigung feststellt, die sich von 40 bis 55 Jahre entwikkelt und sich dann ungefähr noch bis zum 70. Jahr anhält.

Es folgt das Alter, das sich Flourens zufolge durch die Verausgabung der zurückgehaltenen Kräfte auszeichnet. Der Greis kann nur noch auf die im Augenblick wirkende Kraft rechnen.

Doch diese Methode, welche die Lebensdauer des Menschen aus den Gesetzen seines Wachstums erklärt, trifft nur, wie Dr Noirot versichert, aus vegetativer Sicht zu. Wenn der Mensch unter allen Lebewesen dasjenige ist, das am längsten lebt, so liegt es daran, wie ein belgischer Autor sagt, daß er denkt. Auf diese neue These gestützt, behauptet Davy, daß die Neger eine unvergleichlich viel weniger ausgedehnte Lebensdauer haben als die übrigen Menschen und daß man diesen Unterschied der geringen Entwicklung ihrer geistigen Fähigkeit zuschreiben muß.

Darauf antworten wir:

1. daß der Mensch keineswegs von allen Wesen dasjenige ist, das am längsten lebt; noch der bescheidenste Karpfen von Fontainebleau ist, sofern ihm das Leben geschenkt wird, dem erstbesten Belgier oder Engländer augenblicklich überlegen.

2. Daß die Menschen im allgemeinen sehr wenig denken, wenn man bedenkt, daß dreihundert Journalisten – die meinetwegen nicht dümmer, aber auch nicht klüger sind als die anderen – offenbar weitgehend genügen, um in einem Land wie Frankreich, das immerhin vierzig Millionen sogenannter Denker zählt, die »Meinung zu bilden«.

3. Daß die schwarze Rasse dem Senat und dem Repräsentantenhaus der Vereinigten Staaten in Washington, aber auch in unserer Nationalversammlung Abgeordnete gestellt hat.

4. Daß die Sterblichkeit bei den Negern zwar außerordentlich hoch war und es in manchen Ländern noch ist; daß man diese aber nicht der Größe ihres Gehirns, die relativ betrachtet der des Elefanten recht genau entspricht, sondern vielmehr den Greueln zuschreiben muß, mit denen man diese bedauernswerte Rasse seit mehreren

Jahrhunderten überhäuft; und daß wir, wenn man die ungesunden klimatischen Einflüsse der heißen Länder in Betracht zieht, erstaunt sein müssen, daß sie diesen widrigen Umständen so tapfer zu trotzen vermochte, daß sie nicht vollständig unterging.

5. Daß – ohne die Sache weiter zu verfolgen und um die ganze Diskussion abzuschließen – die Liste der berühmten Makrobiotiker präzise Hinweise auf vier Individuen schwarzer Rasse unter den langlebigsten Personen der Welt enthält, zwei Neger und zwei Negerinnen: – einen Neger, der 1789 in Fredericktown in Virginia, Vereinigte Staaten von Amerika, im Alter von 180 Jahren starb; – eine Negerin, Louisa Truxo, die 1780 in Tucuman in Südamerika im Alter von 175 Jahren starb; – ein Neger, der 1850 in Jamaika mit 142 Jahren starb; – und Sarah Anderson, eine freigelassene Negerin, mit 140 Jahren.

Wir werden unsererseits weiter gehen als Flourens und werden sagen, daß das Leben des Menschen fünf wohlunterschiedene Phasen aufweist, die sich physiologisch folgendermaßen kennzeichnen lassen:

1. Die Kindheit, das heißt das Alter, in dem man nicht das geringste sieht ...
2. Die Adoleszenz, in der man alles wie im Traum sieht ...
3. Die Jugend, in der man klar zu sehen meint ...
4. Das Mannesalter, in dem man sieht, daß man nichts sieht ...
5. Das Alter, in dem man die Augen verschließt, um überhaupt nichts mehr zu sehen ...

Glauben wir der Statistik, so steigt die durchschnittliche Lebensdauer in Frankreich seit einigen Jahrhunderten an.

Im Jahr 1817 betrug sie in Frankreich 31 Jahre und 3 Monate, gegenwärtig sind es 40 Jahre. In Großbritannien beläuft sie sich auf 41, in Schweden auf 39 Jahre.

Zu den komplexen Ursachen, deren Wirken zur Verlängerung der Lebensdauer in jüngster Zeit beigetragen hat, ist die Ausweitung von Erziehung und Unterricht auf die unteren Bevölkerungsschichten zu rechnen.

Doch trotz des generellen Fortschritts gibt es auch individuelle Rückschritte.

Die allgemeine durchschnittliche Lebensdauer nimmt zu, weil

Hunger und Seuchen – und eine Fülle von Dingen, die die Revolution hinweggefegt hat – beseitigt wurden.

Gewiß bemühen sich die modernen Kriege ein wenig, das Gleichgewicht, um nicht zu sagen die alte Ordnung wiederherzustellen.

Die mittlere Lebensdauer des Menschen auf dem ganzen Erdball beträgt 33 Jahre. Ein Viertel der menschlichen Population stirbt vor dem Alter von 7 Jahren und die Hälfte vor dem Alter von 17. Von 100.000 Menschen wird nur ein einziger hundert Jahre alt, nur einer von 5000 wird neunzig und nur einer von 100 siebzig Jahre alt.

Die Art der Arbeit, die Profession, beeinflußt die Dauer des Lebens beträchtlich. So sind die Leute vom Lande und vor allem die Bewohner gebirgiger Gegenden am stärksten bevorzugt, die Pflüger, die Landwirte, die Bauern, die Tagelöhner. Dann kommen die Händler, die Soldaten, die Matrosen, die Arbeiter und schließlich die Ärzte. Letztere sind, was die Langlebigkeit anbetrifft, wegen der Gefahren ihres Berufs sehr ungünstig plaziert. Dennoch nimmt die Gefahr für sie nach den ersten zehn Jahren ihrer Berufsausübung ab. Dr Dufournel starb 1810 im Alter von 120 Jahren, Dr Bondini mit 117 Jahren, nachdem er seinen Beruf 95 Jahre lang ausgeübt hatte.

Um ein Vorstellung von der erschreckenden Mortalität zu geben, die in den großen Manufakturen herrscht, brauchen wir nur den Soldaten und den Arbeiter zu vergleichen. Man hat herausgefunden, daß dieser in seiner Werkstatt stärker gefährdet ist, sein Leben zu verlieren, als jener im dichtesten Kampfgetümmel. So betrug die Wahrscheinlichkeit für einen Soldaten, bei Waterloo – einer der blutigsten Schlachten der neueren Zeit – sein Leben zu verlieren, 1 zu 30, für einen Messerschmied in Sheffield dagegen 1 zu 14.

Sind nun die geistigen Arbeiten ein Hindernis für die Verlängerung des Lebens?

Ein englischer Gelehrter, Dr Gray, der sich wie Flourens auf die Langlebigkeit des Menschen spezialisiert hat, konnte statistisch erweisen, daß literarische Arbeiten keineswegs ein Hindernis für die Dauer des Lebens sind. Er hat berechnet, daß im 16. Jahrhundert die durchschnittliche Lebensdauer der Schriftsteller 64 Jahre betrug.

Hier eine Liste der größten Genies – Dichter, Philosophen, Künstler, Gelehrte – mit dem Alter, das sie jeweils erreicht haben:

Hippokrates	109	Gorgias	107
Herodias	100	Fontenelle	100
Tizian	96	Michelangelo	96
Whiston	95	Hans Sloane	93
Reysch	93	Heberden	92
Leuvenhoeck	91	Sophokles	90
Morgagni	89	Halley	86
Voltaire	85	Newton	85
Anakreon	85	Swedenborg	85
Herschel	84	Metastasio	84
Franklin	84	Pinel	84
Hoffmann	83	Astruc	83
Duhamel	82	Victor Hugo	82
West	82	Claude	82
Goethe	82	Platon	81
Buffon	81	Harvey	81
Mead	81	Kant	80
Young	80	Juvenal	80
Thukydides	80	Spallanzani	79
Galen	79	Marmontel	79
Galilei	78	Swift	78
Roger Bacon	78	Corneille	78
Cullen	78	Euler	77
Réaumur	75	Händel	75
Jenner	75	Heister	75
La Fontaine	74	Locke	73
Darwin	72	van Swieten	72
Falloppio	72	Linné	71
Gall	71	Petrarca	70
Le Sage	70	Dryden	70
Boerhaave	70	Haller	70
Tissot	70	Erasmus	69
Cervantes	69	Beaumarchais	69
Rousseau	66	Milton	66
Cuvier	64	Aristoteles	63
Fénélon	63	Boccaccio	62

Galvani	61	Lavater	60
Demosthenes	59	Racine	59
Horaz	57	Ovid	57
Pope	56	Dante	56
Molière	53	Shakespeare	52
Vergil	52	Torquato Tasso	51

In dem bereits zitierten Handbuch von Walford finden wir, daß die durchschnittliche Lebensdauer in der englischen Aristokratie seit einem Jahrhundert bei 67 Jahren und 3 Monaten liegt, in der *Gentry* oder Großbourgeoisie bei 70 Jahren und 3 Monaten, in den freien Berufen bei 68 Jahren und 9 Monaten; im Handel bei 68 Jahren und 9 Monaten, im Heer und bei der Marine bei 67 Jahren und 6 Monaten; in der Klasse der Literaten und Gelehrten bei 67 Jahren und 6 Monaten, in der der Künstler bei 66 Jahren. Die durchschnittliche Lebensdauer von Verheirateten der oben erwähnten Klassen beläuft sich auf 63 Jahre und 9 Monate, die der Unverheirateten bei 62 Jahren. Aus dieser Statistik folgt, daß die besten Lebensverhältnisse die des Großbürgertums sind.

Man hat festgestellt, daß ein hochgewachsener Mensch eine größere Chance zu einem langen Leben hat als ein kleinwüchsiger, daß im Frühling geborene Kinder im allgemeinen robuster sind als solche, die zu den anderen Jahreszeiten zur Welt kommen; daß Geburt und Tod sich zumeist in der Nacht ereignen; daß nur ein Achtel der Bevölkerung für den Soldatenstand geeignet ist; daß von 100 Personen 75 heiraten und daß die meisten Ehen im Juni und im Dezember, den Monaten der Sommer- und der Wintersonnenwende, geschlossen werden.

Ich weiß nicht, welcher zahlenverliebte misanthropische Engländer herausgefunden hat, daß nach Abzug der Stunden, die für den Schlaf, die Mahlzeiten und andere Lebensnotwendigkeiten erforderlich sind, nicht mehr als drei Jahre Glück von den achtzig Jahren der Kränkungen und Sorgen übrigbleiben, die der Heiligen Schrift zufolge das menschliche Leben ausmachen.

Wahrscheinlich ist es derselbe Statistiker, der berechnet hat, daß »die Zahl der Lebenden und der Toten, die am Jüngsten Tage auferstehen werden, 20.032.000.000 betragen wird, und ihre Gräber fast

ein Fünftel der Fläche benötigen, welche die Gesamtfläche Irlands
bieten könnte, ohne daß es erforderlich wäre, zwei Leichen in dieselbe Grube zu legen«!

Von der Langlebigkeit der Frauen

> *Le femme est un animal qui s'habille,*
> *babille et se déshabille.*
> *Die Frau ist ein Wesen, das sich anzieht,*
> *plappert und sich auszieht.*[21]

Wir glauben nicht, daß es unbedingt der Manneskraft bedürfe, um
ein langes Leben zu führen, wie Dr Hufeland behauptet. Manche
Physiologen versichern, daß Männer, die aufgrund der Zartheit ihrer
Konstitution den Frauen am nächsten kommen, von der Lebens-
Überlegenheit profitieren, die nach unserer Ansicht ein Attribut des
weiblichen Geschlechts ist. Wenn man irgendwo auf der Welt Männer findet, die trotz ihrer Untätigkeit alt werden und gesund sind, so
entdeckt man bei ihnen fast immer Vorlieben und Gewohnheiten,
die man zum ausschließlichen Vorrecht des schwachen Geschlechts
erklärt hat. Die Harmonie und die Weichheit des weiblichen Körpers
sowie das Höchstmaß an Vitalität, das die Frau als Gebärende spen-
det, scheinen ihr vielmehr wenigstens eine Zeitlang einen gewissen
Vorteil gegenüber dem Mann zu verleihen. Bekanntlich gibt es mehr
Frauen als Männer, die ein hohes Alter erreichen, eine Ungleichheit,
die das Gleichgewicht zwischen den beiden Geschlechtern wieder-
herstellen soll, das durch die Mehrzahl der männlichen Geburten
gestört worden ist. Dieses Vorrecht, sagt Dr Noirot in seinem ausgezeichneten Büchlein *L'Art de vivre longtemps* [*Die Kunst, lange zu leben*],
hat seine Quelle in einem Urgesetz der menschlichen Natur, in angeborenen Ursachen, die von äußeren Umständen unabhängig sind.[22]
Die Lebensweise tut hier nichts zur Sache, und als besten Beweis
dafür könnte man anführen, daß der Vitalitätsüberschuß der Frau
sein Maximum, wir könnten sagen: seinen Paroxysmus im Mutter-
schoß erreicht, da man gegenüber 100 männlichen Totgeborenen nur

80 des weiblichen Geschlechts zählt. Dieser Vitalitätsüberschuß, der in den ersten Lebensmonaten am stärksten ausgeprägt ist, nimmt dann allmählich ab, bis er im Erwachsenenalter fast null wird, das heißt in ebenjener Lebensphase, in der die akzidentellen Ursachen, deren Einfluß man geltend machen könnte, ihre Wirkung zu zeigen beginnen.

Die Frauen leben, als Generalthese, länger als die Männer, und wir glauben, daß sie diesen in nichts nachstehen, auch nicht unter dem besonderen Gesichtspunkt der Langlebigkeit.

In der Tabelle Walfords, die den zuverlässigsten Quellen der Makrobiotik entnommen ist, finden wir zur Unterstützung des eben Vorgebrachten die folgenden Beispiele.

Alter	Name	Sterbeort	Todesjahr
175	Truxo,	Louise, Negerin in Tucuman, Südamerika,	1780
168	Eine Frau,	in Moskau lebend,	1848
166	Brookman,	Sarah, in Glastonbury (Großbritannien)	
162	Scott,	Judith, in Islington (Großbritannien)	
151	Crawford,	Mme Judith, in Spanishtown, Amerika	
148	Desmond,	Gräfin von, in Irland	1612
148	Brook,	Mary, in Leek, Großbritannien	
147	Devine,	Bridget, Irländerin, in Manchester	1845
146	Wiguell,	Anne, auf Jamaika	
143	Eccleston,	Gräfin von, in Irland	
140	Fury,	Rebecca, Negerin, in Falmouth, Jamaika	1827
140	Anderson,	Sarah, freigelassene Negerin	
139	Cameron,	Mary,	1785
138	Chunn,	Mme, in Orphirst, Lichfield, Großbritannien	1772
138	Patten,	Margaret, in Lochwinnoch, in Ayrshire, Groß-britannien	
138	Forrester,	Jane, Abtei Laddercost, Cumberland, Groß-britannien	1766
136	Mooney,	Catherine, in Tuam, Irland,	1768
136	Foster,	Margaret, Cumberland, Großbritannien	1771
135	Thomson,	Mme, bei Dublin,	1796

134	*Lopez,*	Catherine, auf Jamaika	
134	*Ange,*	Mme, in Maryland, Vereinigte Staaten von Amerika	1763
133	*Borke,*	Martha, in Dromore, Irland	
133	*Keithe,*	Mme, in Newnham, Gloucestershire, Groß-britannien	1772
133	*Marchant,*	Elizabeth, in Hamilton, Bann, Irland	1761
132	*Leeson,*	Jane, in London	
132	*Foster,*	Ann, in Newcastle,	1777
131	*Taylor,*	Elizabeth, in London,	1763
130	*Meighan,*	Mme, im Donoughmore, Irland	1813
130	*Steward,*	Lucretia, in Kingstown, Jamaika	
130	*Diamond,*	Ermine, in Kingstown, Jamaika.	

In derselben Aufstellung Walfords finden wir außerdem vierund-dreißig beurkundete Fälle von Frauen, die 120 bis 129 Jahre gelebt haben. Eine Jungfer mit Namen Marie Prion, die mit 66 Jahren ihre Güter durch Schenkung vergeben hatte, starb 1838 in der Umgebung von Sainte-Colombe (Haute Garonne) mit 158 Jahren. Dies ist der extremste in Frankreich beobachtete Fall; kein Mann dieses Landes hat ein so fortgeschrittenes Alter erreicht. Der Dr Politiman aus Lothringen scheint ihr am nächsten zu kommen; er starb mit 140 Jahren. Am 6. Februar 1846 wurde in den Akten des Standesamts von Tolosa der Tod einer Frau von 150 Jahren verzeichnet. Es ist dies das extremste Beispiel von Langlebigkeit, das in Spanien je registriert wurde. In Dorsa, einem kleinen Dorf Kalabriens, entdeckte man 1824 eine Frau namens Rosaria Pencalo, damals 143 Jahre alt. Sie war im vollen Besitz ihrer körperlichen und geistigen Fähigkeiten. Sie war viermal verheiratet; ihre erste Eheschließung lag 105 Jahre zurück. Dieses Wunder an Langlebigkeit ist um so erstaunlicher, als die Luft des Dorfes, in dem sie lebte, als ungesund gilt. Dann gibt es die Witwe von Paul le Bel, Seigneur de Bussy, die am 7. August 1737 im Alter von 111 Jahren an den Folgen eines Sturzes starb. Ursache ihres Unfalls war ihre Krinoline, jenes Attribut der weiblichen Eitelkeit, das damals in Mode war. Marie Mallet, die bis zum Alter von 110 Jahren den Beruf der Schneiderin ausgeübt hatte, ohne sich je einer Brille zu bedienen, starb am 12. Mai 1845 mit 115 Jahren in Thénezay (Deux-Sèvres). Ein gewisser Cottrel, der am 20. November 1760 im Alter von 120 Jahren in Philadephia starb, hinterließ eine Witwe von 115 Jahren, die ihn nur drei Tage überlebte. Dieses musterhafte Paar lebte 98 Jahre lang in ehelichen Banden.

Einer Frau namens Jeanne Boor, die mit 108 Jahren in Pennalier (im Périgord) starb, wuchsen im Alter von 90 Jahren anstelle ihrer weißen Haare schwarze, die mit 100 Jahren ergrauten und abermals durch schwarze Haare ersetzt wurden. Angélique de Lartigue, die ihr Leben mit der Jagd verbrachte, lebte dennoch bis zum Alter von 108 Jahren.

Gegen Ende des letzten Jahrhunderts teilte der Bischof von Séez der Académie des sciences die gesicherte Beobachtung einer Frau mit, die im Alter von 83 Jahren einen Mann von 94 geheiratet hatte und sich bald darauf rüstig und munter in anderen Umständen fand. »In meiner Diözese ist die Zeit der Patricharchen wiedergekehrt«, sagte der Prälat. Damit erscheint die Geschichte von Sara, der Frau Abrahams, weniger befremdlich, die im Alter von 90 Jahren mit Isaak niederkam – die einzige Frau aus dieser fernen Epoche, deren Alter uns, nebenbei gesagt, von der Geschichte mitgeteilt wird: Sie war bei ihrem Tod 127 Jahre. Eine Frau aus Edinburgh wurde am 25. Dezember 1730 im Alter von 80 Jahren von drei Knaben entbunden. Es ist dies der Fall einer seltenen Mehrlingsgeburt, vor allem in einem so fortgeschrittenen Alter. Die Witwe Legier, die niemals Schuhe getragen hatte und selbst bei größter Kälte stets mit nackten Füßen ging, lebte bis ins Alter von 107 Jahren; sie starb am 2. Februar 1755. Eine Frau mit Namen Helena Gray starb in England gegen Ende des letzten Jahrhunderts mit 105 Jahren. Sie war klein von Wuchs, munter und aufgeräumt und bekam einige Jahre vor ihrem Tod neue Zähne. Sinclair spricht von einer Frau, deren Gesicht mit 99 Jahren von braunem Haar beschattet wurde, das fünf Jahre später weiß wurde, einige Monate vor ihrem Tod. Bernstein führt eine Frau an, deren Menstruation mit 60 Jahren in der Folge einer Niederkunft ausblieb, dann mit 75 Jahren wiederkehrte und bis zum 99. Jahr fortbestand.

Die Ruhe eines ausschließlich der Frömmigkeit gewidmeten und von jeder weltlichen Beschäftigung gelösten Lebens ist der Langlebigkeit der Frau günstig. Wir führen nur die folgende Tatsache an. 1845 starb in Lavaur mit 100 Jahren eine Dame Carrié, die seit langem keine andere Zerstreuung kannte als den Weg von ihrem Haus zur Kirche. Um ihr hohes Alter zum Ausdruck zu bringen, pflegte sie zu sagen, sie habe einen dreimaligen Wechsel ihrer sämtlichen Sitznachbarn in Saint-Alain erlebt. Sie hatte [17]93 und die folgenden Jahre nur durch die Schließung der Kirche wahrgenommen. Die Revolution endete für sie erst in dem Moment, als der Erste Konsul die Kirchen wieder öffnen ließ.

Die Gewohnheit erleichtert sowohl Frauen wie Männern das Leben und trägt zur Verlängerung von dessen Dauer bei.

Die gleichmäßige Wiederholung gleicher Handlungen wird schließlich so sehr zur Natur, daß die tierische Maschine ihr Werk durch einen bloßen Anstoß, den man ihr mitteilt, fortzusetzen scheint. 1846 gab es in Condrieu zwei Schwestern, die Demoiselles Chantal, deren eine 106, die andere 104 Jahre alt war. Obwohl mehrere Kilometer voneinander getrennt wohnend, überwanden sie diese Entfernung oft, um über die gute alte Zeit zu plaudern und ihre Erinnerungen auszutauschen. Und vielleicht ist das einer der Gründe für die Langlebigkeit, der wir bei der Frau begegnen.

»Das Geplapper«, bemerkt Tissot auf nicht sehr taktvolle Weise, »ist bei ihnen eine Art körperliche Übung, die ihren Bedürfnissen entspricht und ausreicht, um den Blutkreislauf anzuregen, ohne die Organe zu ermüden.« In der Tat bewegen sich die Frauen weniger als die Männer. Man sieht sogar Frauen, die sich einer guten Gesundheit erfreuen, während sie in Muße und Untätigkeit leben. Tissot fügt hinzu, wohl um seine Bemerkung wieder zurechtzurücken, die Frauen hätten im allgemeinen einen größeren Vorrat an Fröhlichkeit, und sie legten einer Menge von kleiner Begebenheiten in ihrer Umgebung eine Wichtigkeit bei, die sie so sehr beeindrucke, daß ihre Leidenschaften ins Spiel kämen. Pechlin berichtet von einer Frau, bei der ein Lachanfall eine Geburt auslöste, die man verzweifelt erwartet hatte.

Auch die römischen Frauen liefern uns einige bemerkenswerte Beispiele von Langlebigkeit. Ciceros Frau Terentia lebte 103 Jahre trotz ihrer zahlreichen Mißgeschicke, Kümmernisse und ihrer Podagra! Die Kaiserin Livia, eine herrschsüchtige, leidenschaftliche und dabei glückliche Frau erreichte das Alter von 90 Jahren. Die römische Geschichte liefert uns darüber hinaus mehrere Fälle von Schauspielerinnen, die ein sehr fortgeschrittenes Alter erreichten, ein Vorzug, den die Damen vom Theater in unseren Tagen verloren haben, was »zu beweisen scheint«, wie der gute Dr Hufeland versichert, »daß jezt *mehr Lebensconsumtion mit ihrem Stande* verknüpft ist als ehemals«!!![23] Luceia, die gewiß sehr jung debütierte, stand während eines ganzen Jahrhunderts auf der Bühne und trat noch im Alter von 112 Jahren auf. Galeria Copiala, eine Schauspielerin und Tänzerin zugleich, »wurde 90 Jahre nach ihrem ersten Auftritt auf dem Theater wieder aufgeführt, um als ein Wunder den Pompeius zu complementiren«, und dennoch sah man sie dort noch ein weiteres Mal auf der Bühne zur Feier des Augustus anläßlich des Sieges in der Schlacht bei Actium.[24] In der Zählung, die Vespasian im Jahr 76 unseres Zeitalters aufstellen ließ, erwähnt Plinius eine Frau von 132 Jahren in Faenza (Italien).

Ebenso wie Junggesellen erreichen unverheiratete Frauen selten ein sehr fortgeschrittenes Alter. Der Zölibat beeinflußt die durchschnittliche Lebensdauer der Frauen sogar noch stärker als die der Männer. Nüchternheit ist für sie ebenso notwendig wie für den Mann, um ein hohes Alter zu erreichen; gleichzeitig ist sie ein mächtiges Schutzmittel gegen die Erregungen des Fleisches. Man ahnt gar nicht, schrieb der düstere Zimmermann, wie treu eine Frau wird, wenn man sie schlecht ernährt!

Auch die Beschäftigung ist eine wirkungsvolle Ablenkung. Lag es an ihrer Arbeit bei Tag und bei Nacht, daß Penelope die Kraft fand, den Obsessionen ihrer Freier zu wiederstehen, so wie Odysseus, ihr Gatte, den Verlockungen der Sirenen widerstanden hatte? Man könnte es glauben, wenn man mit dem Verfasser von *La Solitude* [*Die Einsamkeit*] annimmt, daß die schlichte Beschäftigung des Nähens oder Strickens vielleicht mehr gefährliche Leidenschaften abwendet als alle Mächte dieser Erde.[25] Unter diesem Gesichtspunkt bewundert ein Engländer die Weisheit derer, die die Frauen, welchen Standes auch immer, frühzeitig an die Nadelarbeit gewöhnen wollen, damit sie auf diese Weise jederzeit die Leere ihres häuslichen Lebens ausfüllen können. Er meint, daß wir dieser weisen Einrichtung viele private Tugenden verdanken und vielleicht den Seelenfrieden der ganzen Welt!

> *Diejenigen, die von ihrer Natur her fleischlicher*
> *Wollust zugeneigt sind, muß man verheiraten, weil*
> *dies das sicherste Zaumzeug und die beste Fessel*
> *ist, die man der übersprühenden Jugend anzulegen*
> *vermöchte.*
>
> *Plutarch*

Soll man heiraten? Ja.

Es ist auffällig, daß fast alle Männer, die ein hohes Alter erreicht haben, verheiratet waren – eher mehrmals als einmal – und daß sie ihre letzte Ehe in einem fortgeschrittenen Alter geschlossen haben. Die Zeugungsfähigkeit scheint eng mit der Fähigkeit zu einem langen Leben verbunden zu sein. Der Deutsche Mittelstedt heiratete mit 110 Jahren, hatte mehrere Kinder und starb mit 125 Jahren. Bartholin zitiert einen Mann, der mit 127 Jahren starb, nachdem er mit 100 ein junges Mädchen geheiratet hatte und von ihr mehrere Kinder bekam. Ein Schwede namens Douglas Gurgen nahm im Alter von 110 Jahren eine Frau, die ihn mehrere Male zum Vater machte. Vertot versichert, daß in Schweden, das von allen nordischen Ländern für die Langlebigkeit seiner Bewohner berühmteste Land, die Fruchtbarkeit extrem ist und daß man dort nicht selten zwanzig und sogar dreißig Kinder von ein und derselben Mutter finden kann. Der berühmte Thomas Parr, dessen Geschichte wir erzählt haben und der 152 Jahre lebte, mußte mit 100 Jahren am Portal seiner Pfarrkirche eine Buße leisten, die man über jene zu verhängen pflegte, die ein junges Mädchen verführt und zur Mutter gemacht hatten. Dr Dufournel, der im Jahr 1810 in Paris mit 120 Jahren starb, hatte mit 110 Jahren die Ehe mit einer Frau von 26 Jahren geschlossen, die ihm ebenfalls Kinder schenkte. Das schlagendste Beispiel ist das eines Franzosen namens Longueville. Dieser Mann lebte 110 Jahre. Er hatte zehn Frauen geheiratet, die letzte davon mit 90 Jahren, und diese schenkte ihm in seinem 101. Lebensjahr einen Sohn.

Solche Tatsachen könnten wegen des Schleiers, der über der Vaterschaft liegt, vielleicht Zweifel wecken. Mit der folgenden Tatsache verhält es sich nicht so. Margarete Krobskowna aus Conino in Rußland heiratete gegen Ende des letzten Jahrhunderts in dritter Ehe *im Alter von 95 Jahren* einen gewissen Gaspard Raycourt, der, französischer Herkunft, selbst 105 Jahre alt war. Sie starb mit 108 Jahren, nachdem sie ihm zwei Söhne und eine Tochter geschenkt hatte.

Die geschlechtliche Vereinigung ist eine der gebieterischsten Pflichten des Menschen und die Ehe das beste verfügbare Mittel, den Trieb, der die Frau zum Manne zieht, zu regulieren und ihm ein Ziel zu geben. Sie schützt vor zwei gleichermaßen schädlichen Extremen: dem übermäßigen Genuß und der Enthaltung von der Sinnenfreude. So notwendig die Enthaltsamkeit in der Jugend ist, so gefährlich wäre es von einem gewissen Alter an, diesen natürlichen Trieb zu ersticken. Das allgemeine Gesetz der Harmonie erfordert es, daß der Mensch von all seinen Fähigkeiten Gebrauch macht; eine jede muß sich angemessen entwickeln. Die Ehe mäßigt und reguliert die geschlechtlichen Beziehungen.

Sie verhütet die nervliche Erregung, die durch die ewige Abwechslung der Gegenstände hervorgerufen wird. Sie verhält sich, sagt Hufeland, wie eine einfache und karge Nahrung zu einer anderen, schwelgerischen und mit erlesenen Speisen gedeckten Tafel; nur die erste kann Mäßigung zur Gewohnheit werden lassen und zu einem langen Leben führen. Der Ehestand sorgt in der Tat für die Freuden, die der Gesundheit am zuträglichsten sind und das Gemüt in jenem mittleren Zustand erhalten, der für das Glück und ein langes Leben am geeignetsten ist, mit einem Wort: die häuslichen Freuden. Er temperiert die übertriebenen Besorgnisse und Hoffnungen. Das aufmerksame Interesse des Wesens, dessen Schicksal sich mit dem unseren innig verbunden findet, mildert und mäßigt alles, was wir an Überspanntheiten in uns tragen mögen. Fügen wir dem die zarte Wartung und Pflege hinzu, auf man in keiner anderen Lage so sicher rechnen kann wie in der ehelichen Verbindung.

Wie merkwürdig und berührend zugleich ist doch das folgende Beispiel einer lange währenden Ehe, das dem *Panorama Englands* entnommen ist!

»Am 30. November 1817 starben William Douglas und seine Frau am selben Tage. Sie wurden zur selben Stunde geboren, und dieselbe Hebamme hatte sie zur Welt gebracht; sie wurden gleichzeitig in derselben Kirche getauft, und mit 19 Jahren heirateten sie in der Kirche, in der sie getauft worden waren. Während ihres langen Lebens empfanden sie keinerlei Anwandlung von Schwäche. Sie starben mit 100 Jahren im selben Ehebett und wurden in demselben Sarg begraben, unter dem Taufbecken, wo sie ein Jahrhundert zuvor die Taufe empfangen hatten.«

Ja, die Einheit von Mann und Frau hat mächtigen Einfluß auf die Dauer des Lebens.

Der Hagestolz ist egoistisch, emanzipiert, frivol, Sklave seiner Leidenschaften ... Ganz auf sich selbst gestellt, interessiert er sich weder für die anderen Menschen noch für sein Vaterland. Und das ist vielleicht der ernsteste Tadel, den man an ihn richten kann. Die Abhängigkeit, in der sich notwendigerweise der verheiratete Mann von seiner Frau befindet, macht es ihm zur Gewohnheit, auf dem Boden von Recht und Gesetz zu bleiben. Er hat gebieterische Pflichten zu erfüllen. Der Unterhalt seiner Frau und seiner Kinder gibt ihm Arbeitsfreude und Sinn für Ordnung. Die Kinder fesseln ihn an das Land, dessen Interesse zu seinem eigenen wird.

Um uns eines Ausdrucks von Bacon zu bedienen, verdient der Familienvater, der dem Staat Geiseln gestellt hat, einzig den Titel eines Staatsbürgers und Patrioten. Nur das Familienleben sorgt dem Vaterland für ehrenhafte Bürger. Niemals könnte der Staat die Erziehung ersetzen, die der Zärtlichkeit der Eltern entspringt. Der Staat ist eine Rabenmutter. Die Einrichtung der Findelhäuser ist ein Verrat am Vaterland, und die von ihr Gebrauch machen, sind des Ehrentitels eines Staatsbürgers unwürdig. Keine Seuche, keine Landplage, kein öffentliches Übel hat je einen solchen Grad an Sterblichkeit verursacht, wie er in den Findelhäusern anzutreffen ist. Je mehr illegitime Kinder ein Staat zählt, desto mehr Keime der Verderbnis enthält er auch. Zu spät bemerkt man die schauderhaften Folgen dieser unnatürlichen Mutterschaft, dieser Geringschätzung der Grundpfeiler jeder menschlichen Gesellschaft: der Familie und der Erziehung der Kinder durch ihre Eltern. Jede Familie, die in Einheit und Frieden lebt, ist ein Unterpfand für das Glück aller und für die Sicherheit der Republik. Und will man letzte Hand an dieses große Werk legen, will man das Gebäude unserer zivilen Erneuerung krönen, so achte man auf das System der staatlichen Schulen. Nicht Gesetz und Strafe machen den rechtschaffenen Mann aus; sie machen den Mann auch nicht rechtschaffen, wenn zwischen beidem eine ursprüngliche Trennung besteht. Erst die Erziehung macht den Menschen gut oder böse. Nichts vermag die Eindrücke der Kindheit auszulöschen. Sie werden so sehr eins mit unserer Existenz, daß sie, ob gut oder schlecht, später von nichts mehr getrübt oder zerstört werden können. Alles, was wir später erwerben, bleibt uns fremd und rauscht über unsere Seele hinweg, wie das Wasser unter einer Brücke. Die Alten errichteten Standbilder für die Ehe mit der Inschrift:»Dem Hymen, der das Alter aufhält.« Voltaire, der die Frage unter einem anderen Gesichtspunkt betrachtet, sieht in der Ehe eine günstige Bedingung für die Lebenserhaltung, insofern unter den Personen, die Selbstmord verüben, der größte Teil unverheiratet ist.

Wir haben gesagt, daß die Enthaltsamkeit in der Jugend notwendig ist. Die recht verstandene Enthaltsamkeit ist in der Tat einer der mächtigsten Gründe für die Langlebigkeit, vor allem wenn man sich ihren Vorschriften frühzeitig beugt. Sie war die Tugend der Athleten. Eine gewisse Enthaltsamkeit weckt die Tatkraft des Mannes, macht ihn kühn, kräftig und stark. Baglivi hat festgestellt, daß die Enthaltsamen bei Krankheiten mehr Widerstandskraft zeigen als die vom Mißbrauch der Genüsse enervierten Männer. Heute, man muß es sagen, hört man um die Zeit auf, in der unsere Vorfahren anfingen. Mit 25 Jahren haben die jungen Leute bereits einen guten Teil der Kräfte verausgabt, welche die Natur dem Mannesalter vorbehält. Es folgt daraus, daß in der Lebensphase, in der unsere Väter begannen, sie zumeist schon erschöpft sind, und die Liebe selbst erregt in ihnen nur noch Langeweile und Abscheu.

Wir sind weit entfernt von den Zeiten, in denen ritterliche Ideen die alten Recken zu wahren Männern machten, die, wie man sagt, blutige Fingernägel hatten. Die Jugend dieser Männer war, wie Hufeland aus der Geschichte berichtet, großen Unternehmungen und gefährlichen Taten geweiht. Die Liebe, statt sie zu wollüstigen Leidenschaften zu reizen, trieb sie zu edlen Handlungen. Jeder Ritter trug das

Bild seiner Dame bei sich. Der Treueschwur, der ihn an die wirkliche oder eingebildete Herrin seines Herzens band, trug die Verpflichtung zu einer beispielhaften Keuschheit mit sich. Diese Tugend verlieh, zumal in jenen barbarischen Zeiten, seiner Seele eine neue Kraft des Ausharrens. Und auch wenn diese Vorstellungen ein wenig romanhaft erscheinen mögen, fügt unser Autor hinzu, »so finde ich doch bey genauer Untersuchung große Weisheit in dieser Benutzung des physischen Triebs, eines der stärksten Motive der menschlichen Natur. [...] Warum legte die Natur dieses Sehnen zur Vereinigung, diesen allmächtigen unwiderstehlichen Trieb der Liebe in unsre Brust?« Und er antwortet: »um dadurch ein festes unzertrennliches Band zweyer Herzen zu knüpfen, den Grund einer glücklichen Generation zu legen«.[26]

Der berühmte Nicolaus Leonicenus hielt noch mit 96 Jahren seine Physikvorlesung in Ferrara. Als ein Fremder ihn fragte, wie er ein so rüstiges Alter erreichen konnte, antwortete ihm der Physiker: »Indem ich mir die Keuschheit meiner Jugend bis zum Mannesalter bewahrte.«

Aber da der Mensch immer ein Mittelding zwischen Engeln und Vieh bleiben wird, wäre es vielleicht besser, wie das Sprichwort sagt, den Spatz in der Hand als die Taube auf dem Dach zu haben. Die völlige Enthaltsamkeit ist beim Menschen verderblich für seine Gesundheit, sie ist ein unnatürlicher Zustand, mindestens ebenso wie Libertinage und Ausschweifung. Von den dreihundert Päpsten, die nacheinander den Stuhl des heiligen Petrus bestiegen, haben nur fünf das Alter von 80 Jahren erreicht oder überschritten, obgleich die Papstwürde den Vorzug hat, daß man sie erst spät erlangt, das heißt, wenn man bereits Aussicht auf Langlebigkeit hat. Zwar findet man eine gewisse Zahl von erstaunlichen Beispielen unter den Anachoreten und Einsiedlern, doch führten sie, unter einem strengen Reglement, die Augen fest auf ein fernes Ideal gerichtet, ein ruheerfülltes kontemplatives Leben, einzig von religiösen Exerzitien unterbrochen. Zudem waren diese Helden der Keuschheit genötigt, zu asketischen Praktiken und schmerzhaften Kasteiungen zu greifen, um die Angriffe des Dämons des Fleisches abzuwehren. So lebten der Apostel Johannes 93 Jahre, der heilige Antonius 113 und der Eremit Paulus ebenso viele Jahre, die er im Inneren einer Höhle bei einer fast unglaublich strengen Diät verbrachte. Der heilige Thaleleus schlief in einem hohlen Rad, der heilige Auxentius und der heilige Martianus in so engen Grotten, daß sie sich nur gebückt in ihnen halten konnten. Hieronymus, der auf diese Weise über achtzig wurde, peitschte seine Lenden, die er als den Sitz der Macht des Teufels ansah. Dorotheus der Thebaner unterdrückte die Versuchungen des Fleisches, indem er, gestützt an eine Mauer, stehend schlief.

Aber, wird man fragen, wie ist es möglich, daß ein Mann mit einem kräftigen und gesunden Körper, vor allem bei unserer heutigen Lebens- und Denkweise strikt die Gesetze der Enthaltsamkeit bis zum 24. oder 25. Jahr beachten könne, mit anderen Worten, bis zur Zeit seiner Ehe? Es bedarf dazu in der Tat einer viel größeren Charakterstärke und Entschlossenheit, als sie die heutige Jugend auf den Straßen unserer großen Städte aufbringt.

Man hat die Anwendung von Beruhigungsmitteln, von Anaphrodisiaka empfohlen – Seerosen, Bilsenkräuter, Belladonna, Kampfer, Klematis, Geißblatt, Menthol usw.

In Wahrheit haben all diese Topoi nur eingebildete Eigenschaften. Um abzutöten, was man in vornehmer Redeweise den Stachel des Fleisches nennt, stehen uns andere Maßnahmen zur Verfügung. Als Mittel, um dieses Ziel zu erreichen, nennt der Dr Hufeland folgende:

»1. Man lebe mäßig und vermeide den Genuß nahrhafter viel Blut machender oder reizender Dinge; z. E. viel Fleischkost, Eyer, Chokolade, Wein, Gewürze.
2. Man mache sich täglich starke körperliche Bewegung, bis zur Ermüdung [...].
3. Man beschäftige den Geist, und zwar mit mehr ernsthaften abstracten Gegenständen, die ihn von der Sinnlichkeit ableiten.«[27]

Damit wäre alles zusammengefaßt, was wir oben gesagt haben, und es entspricht dem Rat des Vaters der Medizin: *Uti, non abuti!* Gebrauchen, nicht mißbrauchen! Und was noch?

Alles in allem eine Betätigung, ein Klima, eine körperliche Verfassung, ein häuslicher Herd, Hygiene, ein wenig gesunden Menschenverstand, eine Ernährungsweise, die nichts Übertriebenes hat: das ist es, worin logischerweise das Geheimnis (das nicht eines ist) zu bestehen scheint, um so lange wie möglich zu leben.

Die Wahrheit ist, daß es bei der Langlebigkeit nichts Absolutes gibt. Ein jeder wird mit einer ihm eigenen Summe von Lebenskraft geboren, und ein jeder verausgabt diese Summe auf mehr oder weniger vorteilhafte Weise. Es gibt Lebensgeizige, so wie es Verschwender gibt – und diese sind manchmal verbreiteter als jene ... denn viele haben sich ihr Leben lang Verlockungen und Ausschweifungen hingegeben und doch nicht weniger lange gelebt und bis in ihre letzten Tage Fähigkeiten bewahrt, die das Alter den meisten Menschen raubt.

Der Herzog von Lanzun, berühmt für seine zügellosen Eskapaden, starb in seinen Neunzigern! Was uns den klaren Beweis liefert, daß man niemandem die Hoffnung nehmen darf.

Erstes Gespräch

Über die Langlebigkeit

NADAR: ... Vorhin sprachen Sie, Monsieur Chevreul, von den Legenden, die in der Öffentlichkeit vor allem über berühmte Persönlichkeiten kursieren. So gelten Sie als jemand, der in der Chemie ein Geheimnis der Langlebigkeit entdeckt hat, so wie man von Flamel gesagt hat, er habe in seinen Retorten das Geheimnis der Goldherstellung gefunden.

CHEVREUL: Möchten Sie ein Geständnis hören? Ich werde Sie vollständig ins Vertrauen ziehen. Zunächst muß ich Ihnen sagen, daß es nicht *ein* Geheimnis der Langlebigkeit gibt: es gibt Mengen davon und verschiedene Arten. Doch in erster Linie handelt es sich, wie überall, um eine Frage der Methode.

NADAR: Viele Leute, die ich kenne, würden diese Methode gern kennenlernen.

CHEVREUL: Es ist leicht, sie kennenzulernen; schwieriger ist es vielleicht für manche, sie zu befolgen.

Dennoch, da man ja in allen Bereichen materieller und geistiger Tatsachen sagen kann, daß alles käuflich ist und seinen Preis hat, scheint es wohl angemessen, daß jemand, der eine Wohltat empfangen will, sich zunächst bemühen sollte, sie zu verdienen.

NADAR: Eine Wohltat, hier, Monsieur Chevreul?

CHEVREUL: Zweifeln Sie etwa daran?

NADAR: Gewiß nicht, wenn ich Sie im Ruhm Ihrer so vortrefflich ausgefüllten hundert Jahre betrachte; denn es scheint, daß der persische Dichter gerade von Ihnen sprach, als er sagte: »Wessen Leben von schönen Taten erfüllt war, dem wird das Alter nicht zur Last.«

Doch ist es nicht allen gegeben, solche Höhen zu erreichen, und erlauben Sie mir die Bemerkung, daß, wenn ich mir das gewöhnliche Leben von uns übrigen Sterblichen vor Augen halte, der Nachteil deutlich den Nutzen zu übersteigen scheint.

CHEVREUL: Und wie kommen Sie zu diesem Schluß?

NADAR: Wenn in der Tat für manche das Leben das höchste der

Güter ist, weil es ihnen die Möglichkeit gibt, alle übrigen zu genießen, für wie viele von uns ist doch das Leben das größte Übel! Wie sollte man angesichts der Summe des Bösen im Verhältnis zur Summe des Guten nicht zu Verzagtheit und höchstem Überdruß gelangen? Ich glaube – und vielleicht konnten Sie es bemerken –, daß diese Einschätzung mir keineswegs meinen natürlichen Frohsinn genommen hat und daß ich an übellaunigen Menschen nicht viel Gefallen finde. Doch könnte sie mich nicht heiterer stimmen, und wenn es erlaubt ist, in Ihrer Gegenwart von mir zu sprechen und Ihnen den tiefsten Grund meines Denkens zu bekennen, so gestehe ich Ihnen, daß es mich schmerzt, ja daß es mir letztlich unerträglich wird, schon so lange ohnmächtig dem Leid des Menschen, den Qualen der Kreatur beizuwohnen. Und wenn man lange Jahre gelebt hat, scheint es mir schwierig, nicht etwas Gutes an jenem Eurotas oder Sparta finden zu können, das seine Greise dazu anhielt, sich selbst zu erlösen.

CHEVREUL: Sparta hatte nicht *das, was* wir *empfangen haben.* – Sie vergessen auch zu sagen, daß es nicht nur die Alten, sondern auch die Invaliden waren, die auszumerzen das Heidentum sich für berechtigt hielt.

Doch ohne in eine Gedankenwelt einzutreten, die uns von dem, was uns zufolge dessen, was Sie mir als Ihre Interessen nannten, entfernen würde, halte ich letzten Endes und trotz aller Widrigkeiten und Kümmernisse das Leben für gut, und ich bin dankbar dafür.

Das Böse selbst, an dem Sie sich stoßen und das Sie stocken läßt, ist für mich der Gegenbeweis, der mich dessen versichert, daß meine Regel zutrifft.

NADAR: Gut für Sie, Monsieur Chevreul, doch wahrhaftig, wenn das Leben gut ist, wäre es niemals lang genug.

Wenn wir uns hier auf Ihr Exempel und zunächst nur auf dieses Gebiet der Langlebigkeit beschränken, können wir eine Existenz wie die Ihre vernünftigerweise als normalen Durchschnitt veranschlagen? Bereits einen Hundertjährigen zu finden ist nicht einfach. Aber einem solchen zu begegnen, der mit all den Fähigkeiten und in einem so herausragenden Maße versehen ist, wird uns das einmal in jedem Jahrhundert zuteil?

CHEVREUL: Nichts stünde dem entgegen, daß das, was Sie als Ausnahme betrachten, zur allgemeinen Gegebenheit würde und allen offenstünde. Nichts – *außer uns selbst.*

Andererseits darf man nichts übertreiben und sich etwa die Behauptung herausnehmen, jeder beliebige Mensch fortgeschrittenen Alters bewahre seine Fähigkeiten im selben Grade; entgegen der Meinung von Professor Cordat aus Montpellier – der mit 98 Jahren gestorben ist –, der menschliche Verstand nehme mit dem Alter nicht ab, ist es unbestreitbar, daß das Altern beim Menschen wie bei allen Tieren zu einer allgemeinen Degeneration der Organe führt. Doch wie ich meine, gibt es unter den Fähigkeiten des Menschen einige, die im Gegensatz zu allen übrigen in dem Maße, wie man älter wird, sich immer weiter vervollkommnen.

Gewiß könnte man nicht leugnen, daß mit der Häufung der Jahre die Virilität unter dem zweifachen Gesichtspunkt der körperlichen und geistigen Vermögen unbestreitbar an Kraft verliert. Doch man darf auch nicht verkennen, daß dieser Verlust Kompensationen findet, die aus der Gewohnheit der geistigen Besinnung selbst entspringen, die, indem sie den Geist auf ernste Gedanken richtet, ihn von nichtigen Ideen fernhält, zumindest wenn sie nicht der Wahrheit zuwider sind.

Die Gewohnheit, jederzeit zu beobachten, die mit dem Alter keineswegs erlischt, erlaubt es, die Gegenwart dafür zu nutzen, entweder die erworbenen Ideen zu verändern oder mit der Hilfe neuer Elemente neue Ideen zu erschaffen. Und da es für den Menschen wahrhaft keinen höheren Genuß gibt als jenen, den ihm die Erkenntnis der Wahrheit verschafft, können wir nicht in Zweifel stellen, daß in der Verlängerung des Lebens eine Wohltat liegt.

NADAR: Wäre es möglich, allen menschlichen Wesen jenen edlen Wissensdurst zu verleihen, der in der Tat für Ihr gesamtes Dasein bestimmend gewesen sein wird, so wäre ich glücklich, mich Ihrer Meinung zu fügen. Doch erlauben Sie mir den Hinweis, daß selbst unter solchen Vorzugs- oder Ausnahmebedingungen die Erschöpfung und Zermürbung der Organe im allgemeinen bei uns allen Indispositionen, ja grausame Krankheiten hervorrufen. Die Gelehrten mit ihrer sitzenden Lebensweise werden sogar noch unnachsichtiger von körperlichen Leiden befallen, die uns, aller Willenskraft zum Trotz, nicht einmal mehr die Freiheit des Verstandes lassen. Was dann?

CHEVREUL: Dann liegt es an uns, vorauszublicken und vorausblik-
kend uns selbst davor zu bewahren, soweit es an uns liegt. – Schauen
Sie: Sind Sie nicht verblüfft, wenn Sie einmal bedenken, *wie viele Menschen an Krankheiten sterben und wie wenige am Alter?* Haben Sie sich
angesichts dieser unbestreitbaren Tatsache nach der Ursache gefragt
und daraus die Konsequenz gezogen?

NADAR: Einverstanden. Es ist ganz offensichtlich, daß wir unser
Leben nicht zu führen wissen und daß in der unbestreitbaren Tatsache, die Sie eben genannt haben, der Hinweis auf eine Methode liegt,
die zu befolgen wäre. Doch welche Methode ist dies?

CHEVREUL: Ich kann nicht oft genug wiederholen, daß man nichts
übertreiben und sich vor allem davor hüten soll, bestimmte Setzun-
gen als allgemeine Regel auszugeben. Doch es trifft nicht weniger zu,
daß die Untersuchung der besonderen Fälle uns zu Hinweisen auf allgemeine Prinzipien führen kann und muß. So muß ich Ihnen, da Sie
mich über mich selbst befragen, zunächst sagen, daß ich stets darauf
geachtet habe, den Anteil der Vererbung zu berücksichtigen. Mein
Vater, Dr Chevreul, ist 1845 im Alter von einundneunzigeinhalb Jahren gestorben. Meine Mutter, die ebenfalls aus einer Familie von Ärz-
ten stammte, starb mit dreiundneunzig Jahren. Doch solche atavi-
stischen Präzedenzfälle, wie ermutigend sie auch scheinen, könnten
nicht hinreichen, wenn man selbst sie nicht verstärkte, indem man
in seinem eigenen Verhalten den Gewohnheiten derer folgt, die uns
vorangegangen sind und uns ein Vorbild gegeben haben. Ein jeder
muß seine persönlichen Anlagen beachten und mit beständiger Entschlossenheit seinem Naturell folgen. Mein illustrer Vorgänger an der
Académie, Fontenelle, folgte diesem Rezept ...

NADAR: Ein wenig mehr, doch weniger gut als Sie, denn um sich zu
schonen, vermochte er sogar die Empfänglichkeit für das Leid der
anderen bei sich zu unterdrücken.

CHEVREUL: ... Doch grundsätzlich glaube ich sagen zu können, daß
jede Ernährungsweise individuell ist. Nichts wäre schwieriger, als sich
im Namen der Wissenschaft über die zuträgliche Eigenschaft dieses
oder jenes Nahrungsmittels zu äußern wegen des großen Unter-
schieds, der in der Eigenheit der Individuen besteht.

Und an dieser Stelle komme ich auf meine persönliche Erfahrung zu sprechen. Alle Mitglieder meiner Familie haben Wein getrunken, während mich seit frühester Jugend bis zum fortschrittensten Alter eine unüberwindliche Abneigung von ihm fernhielt, und diese Abneigung besteht noch immer. Wenn ich Wein trank, hatte ich unerträgliche Magenschmerzen, Erbrechen – auch wenn für die Allgemeinheit, ich wollte sagen: nach einhelliger Meinung, der Wein ein ausgezeichnetes, manchmal unentbehrliches Lebensmittel ist ... Übrigens haben Locke und Newton immer nur Wasser getrunken, Haller ebenso, und viele andere auch. – Ich habe also immer nur Wasser getrunken und bin trotzdem Präsident der Société des vins d'Anjou – aber nur Ehrenpräsident!

NADAR: Und haben Sie Bier getrunken?

CHEVREUL: Niemals. – Allerdings ist »niemals« nicht ganz richtig. Unlängst, während meiner Genesung nach dem kleinen Unfall, der mir zugestoßen ist, kam ein befreundeter Arzt zu Besuch und riet mir lebhaft, mein Wasser mit ein wenig Bier zu versetzen. Ich willigte also ein, ein paar Tropfen Bier in jedes Glas Wasser zu träufeln, das ich trank, und es ging mir dadurch weder schlechter noch besser; doch nach acht Tagen war meine Flasche immer noch drei viertel voll und mein Bier zum Trinken ungenießbar geworden. Man mußte es wegschütten, und ich bat darum, mir kein anderes zu geben.

NADAR: Und die Liköre, der Weinbrand?

CHEVREUL: Ich fand manchmal das Aroma angenehm, ohne mich jedoch je entschließen zu können, davon zu trinken. Wenn mir »der Nase nach«, wie man in diesem Fall wohl sagen darf, ein Likör gefällt, gieße ich zwei oder drei Tropfen in die linke Handfläche, verreibe sie mit der rechten Handfläche, atme den Duft ein, und damit ist die Sache erledigt.

NADAR: Was ist mit dem Tabak?

CHEVREUL: Kein Tabak. Sein Geruch war mir immer zuwider, so sehr, daß mein Sohn Henri, der achtundsechzig Jahre alt und ein großer Raucher ist, so wie Nimrod ein großer Jäger vor dem Herrn war, es stets mit großer Sorgfalt vermieden hat, mir den Geruch des Rauchs mitzubringen. Und ich weiß ihm Dank dafür. Doch ich könnte gar nicht genug betonen, daß das, was dem einen zuträglich ist, dem anderen ganz und gar nicht bekommt. Es geht also zuerst einmal darum, uns darüber klarzuwerden, was uns bekömmlich ist.

So hatte ich gegen jede Art von Fisch die gleiche Abneigung wie gegen fermentierte Getränke, vor allem Wein, sowie Abscheu vor vielen Gemüsesorten, und ich konnte mich niemals entschließen, reine Milch zu trinken. Werde ich daraus den Schluß ziehen, daß der Fisch und die Gemüse, die ich nicht liebe, und die Milch nicht nahrhaft seien? Gewiß nicht, weil ich die allgemeine Tatsache berücksichtige, auch wenn sie meiner Eigenheit zuwiderläuft. Ebenso stärkt mich der Kaffee, und die Schokolade, die viel sättigender erscheint, weckt in mir ein oder zwei Stunden, nachdem ich sie zu mir genommen habe, das Bedürfnis zu essen. Für mich ist sie das, was die Gastwirte »Apéritif« nennen. Werde ich daraus schließen, daß Schokolade bei jedermann den Appetit anregt?

Da sich nun die besonderen, persönlichen Tatsachen ständig unserer Beobachtung anbieten, *muß sich der Mensch sein ganzes Leben lang als Schüler betrachten, denn er muß sein ganzes Leben lang bestrebt sein, fähiger, besser zu werden.* Wissensdurst ist der Ausgangspunkt aller Wissenschaft; der Fortschritt, weit davon entfernt, ihn zu stillen, steigert ihn unaufhörlich. Nie dürfen wir auch nur für einen Augenblick vergessen, daß der Mensch das rühmliche Privileg erhalten hat, das *einzige perfektible Wesen* zu sein. Und das ist der Grund, warum mir immer besonders an dem einen Titel gelegen war, der für mich der schönste ist: *Doyen des Étudiants,* »der Älteste der Studenten«.

Der große Buffon hatte recht, als er für das Studium der Naturgeschichte – und wir dürfen sagen: für alle Studien, welche es auch seien – empfahl, *viel zu sehen* und *häufig nachzusehen.* Ich erlaube mir hinzuzufügen: in Intervallen von einiger Dauer, denn diese Intervalle sind nach meinem Verständnis unbedingt notwendig, um Wirkungen wahrzunehmen, die sich von denen unterscheiden, die man nur einmal oder wenige Male und nur kurz gesehen hat.

Alle Dinge müssen also gereift sein. Man muß den Mißstand vermeiden, der sich aus jüngst gewonnenen Erkenntnissen ergeben kann, deren verlockender Neuheitswert uns verwirren und dazu verleiten kann, allzu voreilig das Gültige zu zerstören, bis wir dann nach vertiefter Prüfung gezwungen sind, mit Bedauern wiedereinzusetzen, was wir allzu überhastet [*Lücke im Ms.*]. Sosehr wir das *Genie* bewundern müssen, das der höchste Ausdruck des Erfindungs- und Entdeckungsgeistes ist, müssen wir doch nicht minder den gesunden Menschenverstand [*bon sens*] achten, den ich mit Mirabeau vom gemeinen Verstand [*sens commun*] unterscheide. Doch auch wenn diese Ideen, zu denen ich mich jederzeit bekannt habe und die ich, soweit es an mir lag, ebenso auf mich angewandt habe, wie sie auf alle Dinge anwendbar sind, bemerke ich, daß wir uns von den Auskünften, um die Sie mich baten, hinsichtlich meiner Gedanken zur Frage der Langlebigkeit entfernt haben.

Um darauf zurückzukommen, muß ich Ihnen zunächst sagen, daß ich es als einen ersten Grundsatz betrachte, in allen Handlungen meines Lebens einer barometrischen Exaktheit zu folgen. Ich esse stets zu festen Zeiten, nehme mir die Zeit, gründlich zu kauen, und verlasse bei jeder Mahlzeit den Tisch mit einem Rest von Appetit; und wie Sie gesehen haben, bin ich trotzdem nicht schlecht beieinander und lasse meinen Teller nicht voll. Doch man darf nie das Wort Salomons vergessen: *Plures occidit gula quam gladius*, »der Bauch hat mehr Menschen umgebracht als der Krieg«, und auch nicht, daß Lakedämonien, das Sie vorhin angeführt haben, die allzu dicken Bürger ächtete. Nicht zuviel Salz und Gewürze, wenig oder gar keinen Kaffee. Kurz, ich fliehe wie die Pest alle Erregungsmittel, zu denen ich übrigens kein Bedürfnis verspüre, und alle Alkaloide, in welcher Gestalt sie sich mir auch verbergen. Ich glaube, daß es angemessen ist, mit seinen Beschäftigungen abzuwechseln, sich zum Beispiel am Morgen mit den exakten Wissenschaften zu beschäftigen, tagsüber mit Philosophie. Poesie, Musik am Abend.

Doch vor allem, vor allem! keine Diskussion bei Tisch. Man hat zu Recht gesagt, *eine Diskussion beim Essen sei wie ein Nadelkissen, das man hinunterschlingt*, und Montesquieu erhob es zum Prinzip, daß man bei Tischunterhaltungen nur seinen Alltagsverstand gebrauchen dürfe. Sich am Tisch zu versammeln, um eine Angelegenheit zu besprechen, ist zu vermeiden. Das Eßzimmer ist nicht der Arbeitsraum und muß das Eßzimmer bleiben. Ich brauche nicht hinzuzufügen, daß die Politik niemals im Eßzimmer zulässig ist – und, wie ich meine, auch sonst nirgends. Politik ist eine müßige und vor allem fruchtlose Beschäftigung, die denen zukommt, die sonst nichts zu tun wissen. Sie ist die Profession von Leuten, die keine Profession haben. Sie könnte nie zu etwas führen, während die wissenschaftliche Beobachtung auf moralischem wie auf materiellem Gebiet alle Dinge löst. Die Politik ist verlorene Zeit; und ich will Ihnen gestehen, daß ich mich davon immer weiter entfernt habe, so sehr, *daß ich seit 1871 keine Zeitung mehr aufgeschlagen habe*, wohlgemerkt keine außer unseren wissenschaftlichen Zeitungen und Zeitschriften. Alles Übel kommt von der Politik her und jener Modephilosophie, der Philosophie der Redekünstler, Advokaten und großen Schwätzer. Man begnügt sich mit hohlen Worten und Redensarten.

... Und beachten Sie – ich stelle das nicht also absolute Regel auf, doch als eine, die unter vielen Umständen zutrifft –, daß die Wörter zur Bezeichnung ein und derselben Sache im allgemeinen desto zahlreicher sind, je weniger man über sie weiß! Jedenfalls halte ich es für klug, sich soweit wie möglich von allen Debatten fernzuhalten, die nicht von wirklichem, greifbarem Interesse sind und uns nur zu unfruchtbaren Meinungsverschiedenheiten und Trennungen führen können. Ebendies läßt uns das Wort Buffons noch tiefgründiger erscheinen, wonach uns die Beobachtung der Menschen zeigen würde, daß fast alle ein Leben im Streit führen und daß in Wahrheit viele, ohne daß wir es merken, aus Kummer sterben.

In summa lassen Sie mich noch einmal wiederholen, daß ich stets an dem festhalten werde, was zu jeder Zeit und immer stärker zu meiner begründeten, das heißt an den Tatsachen experimentell erprobten Überzeugung geworden ist: nämlich daß der Mensch durch die Beobachtung der umgebenden Naturphänomene und seiner selbst sein Schicksal selbst macht.

So verneige ich mich mit der größten Hochachtung vor Leibniz, diesem großen Beobachter, der mit vollem Recht des Vergleichs mit Newton für würdig befunden wurde. Doch ich stehe ihm absolut fern, wenn er sich nicht scheut zu behaupten, »die Sinne seien dem Menschen nur gegeben, um ihn zu täuschen«. Die zwingende Folgerung dieses Systems wäre, wie Maine de Biran sagt, daß die sinnliche Welt nur Schein wäre, reines Phänomen ohne Wirklichkeit.

Unser unsterblicher Molière, der größte unter den Philosophen, hat ihm in *Le mariage forcé* [*Die Zwangsheirat*] darauf die Antwort gegeben, nämlich dort, wo der Philosoph oder vielmehr Sophist Marphurius das System des Zweifels in Szene setzt und Sgaranelle weder zu sagen erlaubt, daß er existiert, noch daß er nicht existiert, womit er diesen schließlich so sehr erzürnt, daß er sich der Hilfe des Stocks versichert.

Und Sgaranelle wendet sich in dieser Angelegenheit an das wahre dialektische Mittel und könnte nicht besser antworten, denn Stockhiebe haben nichts Hypothetisches, und keine Aussage ist weniger zweifelhaft als jene, die durch Stockhiebe bekräftigt wird.

NADAR: Ich weiß, daß Sie Molière sehr bewundern ...

CHEVREUL: Molière ist der Mann, der wie kein anderer die menschliche Natur dank der *Analyse* und *Synthese des Geistes* kannte, die er so bewundernswert zu gebrauchen verstand. Er hat sie auf die Erkenntnis des Menschen angewandt, so wie Newton die *mathematische Analyse* und *Synthese* auf die Erforschung der Himmelsmechanik angewandt hatte, und so erhoben sich beide auf den Gipfel des menschlichen Ruhms.

Seien Sie versichert, daß ich, als ich mich soeben auf die Passage bei Molière bezog, nicht im geringsten die Absicht hatte, das Genie von Leibniz herabzusetzen, dessen Bewunderer ich bin und der an mehr als einer Stelle erhabenere Ideen hatte als selbst Aristoteles und Platon. Glauben Sie mir auch, daß es meinem kritischen System völlig zuwiderliefe, genialen Männern Rangstufen zuzuweisen, so wie es ein Lehrer tut, der seine Schüler einen Aufsatz schreiben ließ.

Doch wie könnte ich übersehen, daß Formulierungen, die als solche falsch sind, verhängnisvolle Folgerungen zeitigen, die ihrerseits andere, noch schlimmere nach sich ziehen, bis ins Unendliche. Ein Irrtum ist die Quelle vieler Irrtümer und *legt den Keim für weitere*. Darum muß man stets darauf achtgeben, nur solche Tatsachen zu behaupten, von denen man die *positive Gewißheit* hat, denn die Folgen eines einzigen Irrtums werden unberechenbar. Sobald ein Irrtum als Wahrheit gilt, werden alle Argumente falsch, in die man ihn als Wahrheit eingehen läßt. Ich kann mich täuschen, ich kann vorgefaßte Ideen haben; unsere arme Menschheit ist daran gewöhnt. So billige ich vollkommen die Worte Pasteurs: Die größte Geistesverwirrung liegt darin, Dinge zu glauben, weil man möchte, daß sie sind.

NADAR: Ich wußte, welche hohe Wertschätzung Sie für M. Pasteur haben, den ich persönlich kaum kenne, doch dessen so gründliche und für die Menschheit so nützliche Arbeiten ich seit langem bewundere, und meine Sympathie wächst noch mit dem für mich unerklärlichen Haß, der sich auf ihn richtet.

CHEVREUL: M. Pasteur ist für mich eines der größten Genies des Jahrhunderts, und ich zögere nicht, ihn zu einem solchen zu erklären. Der Grund dafür ist, daß die größten Gelehrten im allgemeinen von bekannten Erscheinungen ausgegangen sind, um zum Unbekannten zu gelangen, während er umgekehrt vorging. Gegeben sei eine Affektion beziehungsweise eine Krankheit; dann bemühte er sich, Ihnen dieses Übel in abgeschwächter Form, das heißt in verminderter Intensität zu inokulieren – es Ihnen einzuimpfen, denn das ist das richtige Wort –, damit Sie nicht von dieser Krankheit befallen werden.

Ich muß Ihnen in aller Bescheidenheit sagen: Die Schule, der ich angehöre, hätte es mir niemals erlaubt, zu einem solchen Ergebnis zu kommen. Eine Krankheit weiterzugeben, um damit eine andere zu heilen, wäre uns widersinnig erschienen.

Doch um zu unserem Thema zurückzukehren, beachten Sie die allgemeine Neigung, im Namen des *Teils*, das man kennt, mit jener Gewißheit zu sprechen, die erst die *Kenntnis des Ganzen* gestatten würde. Wer also einen Irrtum, der für eine Wahrheit gehalten wurde, als solchen erwiesen hat, hat sich durchaus um die Wissenschaft verdient gemacht. Folglich könnte ich – *notabene* – niemals als begründeten Einwand zulassen, *ich hätte nichts an die Stelle des beseitigten Irrtums gestellt*. Dieser Einwand wird häufig vorgebracht, um das Verdienst, einen Irrtum beseitigt zu haben, zu mindern. – Warum lächeln Sie?

NADAR: Pardon: nicht weil es mir nicht ernst wäre. Sondern weil Sie mich an den – ganz ähnlichen – Fall erinnern, in dem man uns vier Monate lang – und was für Monate waren das! – hartnäckig genötigt hat, einen Oberbefehlshaber zu behalten, der sich dann nach einmütiger Meinung aller als *ein Irrtum* herausgestellt hat, und zwar unter dem Vorwand, daß wir niemanden hätten, um ihn zu ersetzen. Unser ganzes Frankreich sollte unter dem Pantoffel eines einzelnen stehen!

CHEVREUL: Sie lenken uns ab von dem, was uns beschäftigt.

Kurz und gut, vor all diesen Systemen, die man uns, eines nach dem anderen, als letztgültige Gesetze geben möchte, fühle ich mich keineswegs bange.

Gott sei Dank war ich nie Pessimist; ich schätze mich glücklich zu glauben, daß es außer mir andere Freunde der Wahrheit gibt und daß Menschen existieren, mit denen ich die Idee des Richtigen teile.

Manche sagen: ich begreife eine bestimmte Sache nicht. *Also existiert* diese Sache *nicht.*

Und das nennt man das *Positive!* Als ob das, was noch gestern unbekannt war, nicht oftmals das Wirkliche, das Tatsächliche wäre! Als ob es noch nie geschehen wäre, daß man als *Irrtum* verkündet hat, was noch gestern als *Wahrheit* galt?

Denen, die leugnen, weil sie nicht begreifen, habe ich nur eines zu entgegnen: *Können Sie den Raum begreifen,* den begrenzten oder grenzenlosen? – Nein. Ich auch nicht. Nun, wenn ich nach Ihrem Beispiel diesen Raum leugnete, weil ich ihn nicht begreife, was würden Sie zu meiner Schlußfolgerung sagen?

Hat die Wissenschaft, die Deduktion der materiellen Tatsachen, Ihnen ihr *ganzes* Geheimnis gelüftet? Erklärt sie Ihnen dieses Universum, das für ewige Zeiten nach Zahl, Gewicht und Maß so gut determiniert ist, daß Sie mit voller Gewißheit die Kreisbahnen der Himmelskörper, die Sonnenfinsternisse und ihre Dauer Jahre im voraus ankündigen können?

Die Wissenschaft *sieht* die Phänomene, der Geist *sieht* die Ursachen. Die vergleichende Sektion einer menschlichen Leiche und eines anthropomorphen Vierhänders, was erklärt sie Ihnen denn? Daß der Mensch die einzige perfektible Gattung ist, die einzige, die ein Bewußtsein ihrer Existenz hat und die Unterscheidung von Gut und Böse kennt? Würde es Ihnen gelingen, mir zu beweisen, mir das Bekenntnis abzuringen, daß ich von einem Affen abstamme? Ich, der *Sohn eine Orang-Utan! Niemals!!*

Was die letzteren betrifft, die letzten unter den Letzten mit ihrer törichten Meinung, die, weil sie die Wörter *Gott* und *Vorsehung* aus der Sprache verbannen wollen, von *Natur, schöpferischer Kraft* usw. sprechen, eben diese scheinen zu den Spiritualisten zu sagen: »Wir denken wie ihr«, während sie zugleich zu den Materialisten sagen: »Wir sind einer Meinung!« Das sind die Schlimmsten, die – erbärmlicher als alle anderen – von vornherein und mit Recht von Dante in seine äußerste Hölle verbannt wurden. *Man wirft einen Blick und geht weiter.*

Doch besser ist es, sie nicht einmal eines Blickes zu würdigen, denn es gibt dort nichts zu sehen.

Doch Sie sehen, wie sehr alle Dinge miteinander zusammenhängen, weil wir, ausgehend von einer physiologischen Frage allmählich und unbemerkt zu ganz mathematischen Überlegungen gelangt sind. Diese beobachtete Korrelation der Dinge hat mich zu der Einsicht gebracht, daß keine Tatsache, das heißt kein Körper oder keine Handlung mit Exaktheit, das heißt auf nützliche Weise definiert werden kann, ohne unter dem dreifachen Gesichtspunkt des Absoluten, des Relativen und des Korrelativen untersucht worden zu sein.

Um zu der Frage der Langlebigkeit zurückzukehren, könnte ich Ihnen meine Auffassung nicht deutlicher machen als mit dem Aphorismus, der schon Kaiser Tiberius geläufig war: »Jeder, der das dreißigste Lebensjahr erreicht hat, sollte sich genügend kennen, um sein eigener Arzt zu sein.«

Die Medizin, wie ich sie verstehe, ist zunächst die Hygiene, denn während die eine zum Heilen berufen ist, ist es Sache der anderen, den Krankheiten vorzubeugen. Wer also die Vorschriften der Hygiene befolgt, bei denen es sich um allgemeine Vorschriften handelt, wird sich, soweit es möglich ist, der Notwendigkeit des Arztes entziehen können.

Doch abgesehen von der Hygiene, die für alle gilt, könnte ich gar nicht oft genug wiederholen, daß jeder seine Eigenheiten beobachten und den Hinweisen folgen soll, die sie ihm geben.

Viele Bücher sind über dieses Thema geschrieben worden, das jeden von uns *pro domo sua* angeht. Man findet darin unter vielem anderen ausgezeichnete Regeln vornehmlich für diejenigen von uns, die sie nicht selbst zu formulieren vermochten. So gesehen haben Werke dieser Art einen Nutzen, den man nicht verkennen könnte, ohne ungerecht zu sein. Doch hier allgemeine Regeln aufstellen zu wollen, eine absolute Methode, die allen dienen könnte, wäre gewagt und ebenso boshaft wie die Scharlatane, die zu verschiedenen Epochen die Menschheit getäuscht haben, indem sie ihrer Leichtgläubigkeit Elixiere für ein langes Leben, Quintessenzen und andere lügnerische Drogen unter mehr oder weniger pompösen Namen anboten.

Bleibt immer noch die Frage, die keine Vorschriften, kein Buch und kein Gelehrter beantworten können: die Frage der wohlbedachten und klugen Anwendung dieser Vorschriften auf einen jeden von uns. Und dies ist der wesentliche Punkt, auf den wir, wenn man uns um Rat fragt, immer wieder zurückkommen müssen.

Ende des ersten Gesprächs

Zweites Gespräch

Über die Photographie

NADAR: Haben Sie Daguerre näher gekannt?

CHEVREUL: Ja. Und ich erinnere mich, daß er sich an meinen Experimenten interessierter zeigte als M. Hersent, der Historienmaler und Mitglied der Akademie, von dessen Begegnung mit mir ich Ihnen erzählt habe. Daguerre sagte zu mir, als er meinen Demonstrationen beiwohnte: »Sie liefern mir die Erklärung für das, was ich instinktiv getan habe.« Doch dieses Wort von Daguerre kann mich nicht von meiner Einschätzung seiner wirklichen Rolle bei der Erfindung der Heliographie abbringen. Weit mehr als Daguerre ist es Nicéphore Niépce, über den wir zu sprechen haben. Wenn auch die Wahrheit am Ende zutage getreten ist, scheint es mir in mehr als einer Hinsicht angebracht, alle Beweismittel, auf denen sie beruht, noch einmal anzuführen, um, so gut wir können, eine lange währende Ungerechtigkeit wiedergutzumachen. Joseph Nicéphore Niépce ist der erste, einzige und unbestreitbare Urheber der Heliographie, jener Entdeckung, aus deren Schoß nacheinander der Daguerreotyp und die Photographie geboren wurden. Denn beachten Sie nebenbei: Je größer eine Entdeckung ist und je weniger ihr Urheber ahnt, welche Folgen sie haben wird, desto mehr bedarf es der Zeit, um ihre Größe zu beurteilen, und in letzter Instanz ist es die Nachwelt, die über das Genie der Wissenschaftler richtet.

NADAR: Tatsächlich mußte erst viel Zeit vergehen, bis das erste Bild bekannt wurde, das wir der Genialität von Niépce verdanken. Niépce mangelte es ganz materiell an einem der mächtigsten Hilfsmittel für die Fortschritte des menschlichen Geistes – wie M. Davanne so treffend gesagt hat –, einem Hilfsmittel, dem inzwischen die Gesamtheit der menschlichen Erkenntnisse Tribut zollen muß und das unserem Handeln, aber auch unserem Denken eine neue Aufgabe stellt: eine neue Industrie, die ihrerseits eine Menge anderer Industrien gebiert und bis zur Stunde Millionen und demnächst Milliarden in Bewegung setzen wird!

CHEVREUL: Diesmal – und es ist leider nicht das einzige Mal – wurde das Genie des wahren Erfinders in seinem eigenen Vaterland verkannt. Diese Feststellung muß ungeachtet des relativen Verdienstes derer getroffen werden, die wie Daguerre und Talbot, wie Davanne, Claudet, Bertsch und d'Arnaud ...

NADAR: Letzterer war mein erster und ausgezeichneter Lehrmeister.

CHEVREUL: ... ohne Legrand, Blanquart-Evrard, Fry, Arche, Fizea, Niépce de Saint-Victor, Poitevin und Van Monckhoven, diese drei letzteren vor allem – und so viele andere, nicht zuletzt Sie selbst, zu vergessen – mit Erfolg den Weg beschritten haben, den Nicéphore Niépce ihnen eröffnet hat. Doch es fiele mir schwer zu vergessen, daß der französische Staat Daguerre eine höhere Auszeichnung als Niépce zuerkannt hat, und zwar aufgrund eines Berichts von Arago an die Académie des sciences, der Daguerre das ausschließliche Verdienst an der, wie es darin hieß, »von M. Daguerre entdeckten Methode« zusprach. Und Gay-Lussac, ein gewiß in jeder Hinsicht ehrenwerter Mann, ließ in seinem Bericht an die Chambre des Pairs den Namen Niépce sozusagen unerwähnt.

Ich war nicht weniger betroffen, als ein Ehrenmann, M. Legouvé, am 25. Oktober 1871 Daguerre zum Erfinder der Photographie erklärte. Um dagegen mit allem, was mir zu Gebote stand, im Namen der Wahrheit und Gerechtigkeit zu protestieren, veröffentlichte ich im Journal des Savants meinen Einspruch. Ich schuldete ihn dem Gedächtnis Nicéphore Niépce' und auch seines Vetters Abel Niépce de Saint-Victor, der 1870 in Paris starb und der die Arbeiten dessen, den er nach bretonischem Brauch seinen Onkel nannte, auf ehrenwerteste Art und mit wirklichen Erfolgen fortgeführt hatte.

Was die unbestreitbare Priorität angeht, die für die Heliographie einzig Nicéphore Niépce beanspruchen kann – die Idee des Neapolitaners Ponta von 1560 beschränkte sich darauf, ein flüchtiges Bild sichtbar zu machen, das auf mattiertem Glas erscheint –, so mag man mir glauben, daß ich mir nicht erlauben dürfte, eine Frage der Historie so kategorisch zu entscheiden, wie ich es tue, wenn ich dabei eine Voraussetzung außer acht ließe: daß nämlich jeder Historiker einer Wissenschaft – unabhängig von dem speziellen Gebiet dieser Wissenschaft – die Gewissenhaftigkeit eines Richters besitzen muß. Er muß überzeugt sein, daß er seinem Amt gegenüber pflichtvergessen handeln würde, wenn er es daran fehlen ließe, sich alles erforderliche Wissen zu verschaffen, damit dem, der sie verdient, Gerechtigkeit widerfahren kann, wenn die Stunde des endgültigen Urteils gekommen ist.

Im übrigen muß man den Werdegang von Nicéphore Niépce – der so eng mit dem seines Bruders Claude verbunden war – zu Kenntnis nehmen, wie ihn M. Victor Fouqué beschrieben hat. Die vollkommene Einheit dieser beiden Wissenschaftler, die nur der Tod trennen konnte, erinnert in gewisser Hinsicht an die zwischen Etienne und Joseph Montgolfier.

Sie hatten gemeinsam an einem Wasserfahrzeug ohne Segel und ohne Ruder gearbeitet, das sie *Pyreolophor* nannten, und ließen es im Juli 1807 patentieren. Dieses Schiff, das durch sukzessive Explosionen eines Pulvers aus den Sporen der Bärlappe (Lycopodium) angetrieben wurde, fuhr erfolgreich auf der Saône. Die Erfinder konnten das Lycopodium später durch Kohlestaub mit einem sehr geringen Anteil von Harz ersetzen. Sie arbeiteten gemeinsam an einer hydrostatischen Maschine, die an die Stelle derjenigen von Marly treten sollte, sowie – mit großzügiger Förderung der kaiserlichen Regierung – an der Herstellung von Indigoblau aus Pastel (Färberwaid). Doch nichts könnte die tiefe Nichtigkeit noch der prunkvollsten Macht besser beweisen als ihr vollständiges Scheitern bei dem Versuch, eine Industrie zu schaffen, die eine einfache Laboranalyse schon im voraus zu Fall gebracht hätte ...

NADAR: Der Bericht von Fourcroy jedoch, Monsieur Chevreul, antwortet Ihnen an dieser Stelle, daß es Zeiten gibt, in denen das Wohl des Vaterlandes dem Genie befehlen und Entdeckungen dekretieren kann. Es steht mir nicht an, Sie an die Gerbung des Leders zu erinnern, für die bis dahin, glaube ich, zwei Jahre erforderlich waren und die sich nun in zwei oder drei Tagen durchführen ließ. Doch es bestand ein Bedarf an Schuhen für unsere vierzehn Armeen, ganz zu schweigen von der fünfzehnten, die man immer vergißt, unsere Armee von Santo Domingo, die nicht weniger heldenhaft war als alle anderen. Und die Bleistifte von Conté, um den Graphit aus der englischen Mine zu ersetzen, und ...

CHEVREUL: Ich werde es gegenüber unseren Gelehrten keiner Epoche unserer Geschichte an Respekt fehlen lassen, wenn ich Ihnen antworte, daß die Zeit, von der Sie sprechen, außerordentlich fruchtbar an genialen Männern war.

Es steht fest, daß eine Lenkung der Wissenschaft, die von Männern wie Fourcroy, Lavaissier, Monge, Condorcet, Bossut und noch anderen verkörpert wird, denen wir trotz mancher Vorbehalte alle Hochachtung schulden, zu interessanten Ergebnissen führen mußte.

Dennoch ist das nicht der wesentliche Punkt, und wenn wir auf wissenschaftlichem Gebiet bleiben, von dem ich mich nicht zu entfernen gedenke, werde ich Ihnen sagen, daß keine Autorität, wie absolut sie auch sei, und auch keine äußerste Notwendigkeit jemals etwas an der Natur der Körper ändern könnte. Wenn die Entdeckungen, an die Sie erinnern, im Widerspruch zu den Prinzipien gestanden hätten, welche die Materie bestimmen, hätte man noch so sehr Entdeckungen dekretieren können, und alle Dekrete der Welt hätten nichts *an dem* verändern können, *was unwandelbar ist*. Als die Engländer uns von den Routen abschnitten, auf denen unsere Kolonien uns mit Zucker versorgten – glauben Sie denn, irgendein Dekret hätte die Rübe zwingen können, uns Zucker zu liefern, wenn die Rübe nicht jenes saccharine Prinzip enthalten hätte, das Marggraf entdeckt hatte? Vergessen wir nie, daß nichts aus nichts hervorgehen könnte, daß nichts aus nichts wird. Doch diese Abschweifung entfernt uns von Nicéphore Niépce, und mir liegt daran, auf ihn zurückzukommen, weil die Kenntnis seiner Geschichte eine Wiedergutmachung ist, die wir ihm schulden.

Ich habe Ihnen eine Anekdote noch nicht erzählt, die, obwohl sie in keiner Verbindung mit dem Bereich der Wissenschaft steht, Zeugnis davon gibt, welche Wertschätzung die Gebrüder Niépce in der Gegend von Nizza genossen, wo sie einige Zeit wohnten, auch wenn sie nicht ihre Heimat war. Die Geschichte wird uns von ihrem Biographen, M. V. Fouqué, erzählt. Seit sechs Jahren versetzten Räuberbanden, die unter dem Namen *Barbets* bekannt waren, das Land in Schrecken. Eines Tages verbreitete sich die Nachricht eines bevorstehenden Überfalls der *Barbets* auf das Dorf Saint Victor, in dem die beiden Brüder wohnten. Die gesamte verängstigte Bevölkerung zog sich nach Nizza zurück: nur die beiden Niépce blieben zu Hause und führten ihre Arbeit mit dem Anbau des Färberwaids fort, mit dem sie bereits die ganze Gegend bepflanzt hatten. An jenem Tage erschien vor ihnen an einer Biegung der Allee in ihrem Garten, wo sie spazierengingen, plötzlich ein Individuum, ganz allein, das sie mit höflichen Worten anredete: »Meine Herren, ich bin der Anführer der *Barbets*. Doch ich kenne Sie, und Sie können ohne Furcht hier bleiben. Es wird Ihnen nichts zuleide getan werden.« Und nachdem er ihnen seinen Gruß entboten hatte, verschwand er, wie er gekommen war. (In Klammern: Vergessen Sie nicht, daß auf dem ersten *E* des Namens Niépce ein Akut steht, den man gewöhnlich vergißt, sicherlich weil es dort scheinbar keine Rechtfertigung für ihn gibt. Ich bin aber der Meinung, daß es sich um kein gleichgültiges Detail handelt, vor allem gegenüber einem Gelehrten, einem Mann von solcher Bedeutung.)

Als 1802 die Erfindung der Lithographie die Gemüter erhitzte, kam der Erfinder Alois Senefelder aus Deutschland nach Frankreich, um seine Erfindung zu verwerten. Doch er wurde kühl aufgenommen und kehrte nach München zurück, weil die dortigen Steinbrüche ihm immer noch die besten Steine für diesen speziellen Zweck lieferten. Da Nicéphore Niépce besonderen Geschmack an der Wissenschaft der molekularen Wirkungen gefunden hatte, konnte es nicht ausbleiben, daß er sich mit der Entdeckung Senefelders beschäftigte, während sein Bruder Claude, der sich vorwiegend mit mechanischen Entdeckungen beschäftigte, nach England ging, um seine Erforschung des Perpetuum mobile fortzusetzen, wo er Zeit, Geld und Gesundheit verlor und schließlich seinen Verstand und sein Leben lassen mußte. Nicéphore widmete sich Experimenten mit der Lithographie, und dabei kam ihm plötzlich die Eingebung der Photographie.

Ich habe Ihnen nicht alle Einzelheiten aus dem so ehrenwerten Leben dieser beiden Brüder berichtet, die sich, als es Frankreich zu verteidigen galt, der eine bei der Flotte, der andere bei der Armee verpflichteten, wo sie sich immer und überall rühmlich hervortaten. Wir dürfen uns glücklich schätzen, außer ihren Talenten und ihrem Genie die Rechtschaffenheit ihrer Empfindungen, die Reinheit so wie die Bescheidenheit und Einfachheit von Männern mit Familiensinn achten zu können.

Um auf die Erfindung der Heliographie zurückzukommen, so belegt ein überlieferter Brief von Nicéphore Niépce an seinen Bruder, daß Nicéphore sich seit 1816 – man beachte das Datum – nicht nur damit beschäftigte, das in der *camera obscura* erhaltene Bild zu fixieren, sondern daß er schon da den klaren Gedanken gefaßt hatte, daß dieses einmal gewonnene Bild vervielfältigt werden könnte. In dieses Jahr 1816 fällt eine der erstaunlichsten Entdeckungen des menschlichen Geistes, und darin werden Sie mir zustimmen.

NADAR: Eine Entdeckung, die in der Tat so erstaunlich ist, daß sie mir stets als die bedeutendste von allen erschien. Nach meinem Empfinden bedeutet sie auf den ersten Blick eine Verschiebung der Grenzen des Möglichen. Indem er das flüchtige Bild, das uns auf dem Spiegel erscheint, festhält, fixiert, hat der Mensch das Ungreifbare ergriffen: Er hat zum ersten Mal aus dem Schein etwas Tatsächliches, das heißt etwas aus nichts *geschaffen*.

CHEVREUL: Sie täuschen sich gründlich, wenn Sie vergessen, daß nichts aus nichts entsteht und daß der Mensch nichts *erschaffen* kann, was immer es sei, in dem überzeitlichen Sinne des Wortes verstanden. Niépce ist es mit der Serie seiner Forschungen einfach gelungen – wenn es denn zulässig ist, das Wort »einfach« auf das Werk des Genies anzuwenden –, die Eigenschaften bestimmter Körper dem Unbekannten zu entreißen, um ihre Wirkungen miteinander zu verbinden und die logische Konsequenz daraus zu ziehen. Wo Ihre Phantasie sich hinreißen läßt, eine *Schöpfung*, ein Wunder zu sehen, gibt es in der Realität nur ein Naturphänomen.

NADAR: Sie haben sicherlich recht, Monsieur Chevreul. Aber ich war nicht der einzige, der dieses Gefühl der Verblüffung gegenüber der Heliographie empfand.

Sie werden gewiß nicht wissen, daß es Balzac davor graute.[28] Er schuf sich zum eigenen Gebrauch eine bizarre Theorie, die er, glaube ich, lang und breit in *Les parents pauvres* [*Die armen Verwandten*] dargestellt [hat]. Ihr zufolge besteht jeder Gegenstand, jeder sichtbare Körper von allen Seiten aus unendlich vielen Schichten übereinanderliegender Spektren. Wird eines davon einem Objektiv exponiert, so wird es sich von dem Körper lösen und auf der daguerreschen Platte fixieren. Er empfand das als eine persönliche Herabsetzung, als einen

Verlust. Ich könnte nicht sagen, ob in diesem abergläubischen Schrek-
ken, den er zeigte, nicht eine gewisse Geziertheit lag. Sicher ist, daß
man große Mühe hatte, von ihm eine Aufnahme zu bekommen.
CHEVREUL: Sie sollten sich nicht an M. Balzac wenden, um Lektio-
nen in Physik oder Chemie zu erhalten.
NADAR: Um so weniger, Monsieur Chevreul, als Balzac der einzige
war, der es Ihnen gegenüber an Respekt und Dankbarkeit für Ihre
so wertvolle Erfindung der nichttropfenden Stearinkerze fehlen ließ.
Irgendwo brachte er es fertig, der schrecklichen Talgkerze nachzu-
trauern und seine Lichtputzschere zurückzufordern. Doch alles
hängt mit allem zusammen: Die rückwärtsgerichtete, verhärtete,
hoffnungslose Gesamttendenz im Werk dieses ausgezeichneten Beob-
achters verlangt wiederum nach ihrer Lichtputzschere. Man fühlt
sich erstickt, bedrückt, herabgesetzt am Ende dieses entmutigenden
Werkes, das uns nicht erhebt, sondern deprimiert. Man verübelt es
dem Autor, der den Menschen so gut zu beschreiben verstand, daß er
zu einem antihumanen Ergebnis gelangte.
CHEVREUL: Auch wenn ich glaube, gegenüber der philologischen
Seite all der Dinge, die unsere Epoche interessieren, niemals gleichgültig geblieben zu sein, könnte ich in dieser Frage der literarischen
Beurteilung weder mit Ihnen noch gegen Sie zu einem schlüssigen
Ergebnis gelangen. Ich hielt es für nützlich und geboten, mich vor
allem auf den Kreis meiner Spezialuntersuchungen zu beschränken.
Dieser stets getreulich befolgten Methode danke ich es, heute an den
Erkenntnissen, die ich zu gewinnen vermochte, festhalten zu können
und – soviel es an mir liegt – auf dem Gebiet, auf dem wir uns befinden, demjenigen Gerechtigkeit widerfahren zu lassen, der sie bisher
nicht gefunden hat.

Mir liegt hier besonders daran, Ihnen meine Beurteilung jener
wichtigen Tatsache der Wissenschaftsgeschichte sowie meine Wertschätzung eines Mannes deutlich zu machen, bei dem sich Genialität
und praktischer Verstand verbinden: eines Mannes, dessen vielfältige
und gewissenhafte Versuche zu einer sehr großen und sehr schönen
Entdeckung geführt haben, deren Verdienst einem anderen zugeschrieben wurde.

Ich werde die zahllosen Schwierigkeiten betonen, die er zu überwinden hatte und deren geringste die Geldverlegenheit, um nicht zu sagen Geldnot war, ebenso die Isolation von allen wissenschaftlichen Berufen, etwa von der Optik oder auch nur der Kunsttischlerei, in einer kleinen Stadt im Westen, deren Bevölkerung die Zahl von zweiunddreißigtausend Seelen nicht überstieg, in einer Epoche, in der die Beschwerlichkeit der Kommunikation sich so sehr von der heutigen unterschied und in der die Behebung des kleinsten Mißgeschicks mit einem Instrument ein Hindernis und einen Stillstand bedeutete. Wir dürfen niemals vergessen, daß derjenige, den man für die Entdeckung von Nicéphore Niépce ehrt, gleichwohl erst an zweiter Stelle in jener Abhandlung vom 5. Dezember 1829 genannt wird, *wo er selbst die Erfindung von M. Niépce anerkennt,* gegen dessen Beitrag er in ebendieser Abhandlung *nur eine neue Kombination der Camera obscura, seiner Talente und seines Fleißes* aufbietet.

Bemerken wir im Vorbeigehen, daß diese *neue* Kombination der Camera obscura mit der Erfindung der Heliographie gar nichts zu tun hatte, daß sie auf das Jahr 1812 zurückging, daß ihr wirklicher Urheber nicht Daguerre, sondern Wollaston war, so wie der Achromatismus der Objektive Charles Chevalier zu verdanken ist. Wenn man Daguerre auch nicht das Verdienst abstreiten könnte, später das Judenpech durch Silberiodid ersetzt zu haben, kommen wir als Wissenschaftshistoriker nicht umhin zu bemerken, daß Daguerre ohne die Erfindung der Heliographie durch Niépce niemals die Daguerrotypie hätte ersinnen können. Immerhin hatte Daguerre das Resultat der Forschungen von Niépce, bevor er es vollständig kannte, für unmöglich erachtet, und in seinem hartnäckigen Bemühen, die Arbeiten des Erfinders der Heliographie zu diskreditieren, hatte er den Schluß gezogen, daß die heliographische Gravur stets unvollkommen bleiben werde. Und scheuen wir uns auch nicht auszusprechen, was uns bei unserem Akt der Gerechtigkeit und der gebotenen Wiedergutmachung am schwersten fällt: das gravierende Unrecht, das Daguerre beging, als er in dem Vertrag, den er 1835 Niépce' Sohn Isidor aufdrängte, den Namen des wirklichen Erfinders durch seinen eigenen ersetzte ...

Ich habe Ihnen gesagt, was ich auf dem Herzen hatte ... Und glauben Sie mir: Wäre es mir möglich gewesen, hätte ich lieber nicht darüber gesprochen, denn ich habe stets, wie ich zu glauben wage, jedermann im Guten wie im Bösen Gerechtigkeit erwiesen.

NADAR: Das dürfen Sie, Monsieur Chevreul, mit gutem Recht von sich sagen, denn eine der ersten Eigenschaften, die aus der Gesamtheit Ihres Werkes hervortreten, ist das Fehlen jeglicher Neigung zu Herabwürdigung oder Neid und zugleich die Bereitwilligkeit, mit der Sie Ihren Mitbewerbern, lebenden oder toten, Ihre Anerkennung bezeugen.

CHEVREUL: Welcher ein wenig aufgeklärte Mensch, der zugleich von der Liebe zum Wahren, Schönen und Rechten beseelt ist, würde nicht ein Gefühl des legitimen Stolzes auf sich selbst empfinden, wenn er die Größe seiner Vorgänger oder seiner Zeitgenossen verkündet? Ist es nicht auch für ihn selbst rühmlich, wenn er die Dienste, die der Menschheit von ihren Genies geleistet wurden, seinen Mitmenschen erläutert und sie daran erinnert, was sie für den Fortschritt der menschlichen Wissenschaft taten?

Wenn es sich beispielsweise um ein Genie von so lauterem Ruhm wie Lavoisier handelt, der ebenfalls in seinem Vaterland erst nach zehn Jahren beharrlicher Arbeit Anhänger für sein wissenschaftliches System fand – ist das für einen Freund der Wahrheit nicht eine glückliche Gelegenheit, die unsterblichen Ruhmestitel des Urhebers der Verbrennungstheorie zu verkünden und zu erklären, worin seine Größe als Denker und Schriftsteller besteht!

Um nun auf die Photographie zurückzukommen: Liegt es an dem tiefen Eindruck, den das an Niépce begangene Unrecht bei mir hinterlassen hat, werde ich darauf die fast unüberwindliche Distanz zurückführen können, die mich so lange zu der Weigerung veranlaßt hat, vor dem Objektiv eines Daguerrotypisten oder Photographen Platz zu nehmen?

NADAR: Bei jedem anderen als Ihnen, Monsieur Chevreul, würde ich eine weniger schwierige Erklärung für diese Abneigung suchen, da Sie doch so vornehm Zeugnis für den ablegen, der uns das fixe und, wie M. Davanne sagt, unanzweifelbare Bild mit Hilfe eines Lichtstrahls geschenkt hat.

CHEVREUL: Es war ein veritabler Abscheu bis 1883; bis zu meinem siebenundneunzigsten Jahr habe ich jede Bitte zu posieren abgelehnt, doch schließlich wurde ich bezwungen, und zwar auf folgende Weise. Ich stieg in den Wagen, um mich zum *Institut* zu begeben. Ein Herr spricht mich sehr höflich an: »Monsieur Chevreul! Sie können mir einen ungeheuren Dienst erweisen!« Ich lehne ab, verweise auf die fortgeschrittene Stunde; er insistiert und bittet mich um die Erlaubnis, mich in meinem Wagen zu begleiten, um mir sein Interesse darzulegen. Kaum hat er sich niedergelassen: »Monsieur, Sie können mein Glück machen oder meinen Ruin. Ich bin Photograph! ...« Ich springe auf; doch er fügt sogleich hinzu: »Dem Kaiser von Brasilien (wissen Sie? Don Pedro, der mir den Rosenorden verliehen hat?), dem Kaiser von Brasilien liegt daran, Ihr Porträt zu besitzen, und wenn ich es anfertige, ist meine Zukunft gesichert!« Bei dem Namen Don Pedros gab ich nach. Doch ich konnte damals nicht absehen, was alles seit Niépce und seit Daguerre geschehen ist, die uns anfangs fünfzehn Minuten in die pralle Sonne setzten, bis zu diesem M. Eastman, der Dr Marey in die Lage versetzte, in einer zweitausendstel Sekunde Vögel im Fluge aufzunehmen.

NADAR: Gestern erst hat mir Dr Marey mitgeteilt, daß er die sukzessiven Bewegungen des Vogelflugs kürzlich nicht mehr in einer *zweitausendstel*, sondern in einer *viertausendstel* Sekunde aufgenommen hat. Und ich bin sehr glücklich, daß er mir aufgetragen hat, Ihnen zu sagen, daß er ohne das absolute Schwarz, das Sie als erster auf so geniale Weise hergestellt haben, niemals zu den Ergebnissen hätte kommen können, um die er seit so vielen Jahren bemüht ist.

CHEVREUL: ... Um das absolute Schwarz zu erhalten, das in der Natur nicht existiert, gab es nur ein Mittel: ein Loch bohren und das Schwarz nehmen, das der Hintergrund dieses Lochs liefert. Das Verfahren war einfach, und ich glaube, daß es das einzige war. Aber, um aus unserem Schwarz und aus unserem Loch herauszukommen, konnten Sie denn mit Hilfe der Eastman-Präparate von Ihrem Ballon aus mit jenen planimetrischen Aufnahmen, die Sie mir gezeigt haben, das Gelände nach Belieben photographisch vermessen?

NADAR: Das habe nicht ich gemacht, Monsieur Chevreul, das war mein Sohn.

CHEVREUL: Gut! Ihr Sohn oder Sie, Sie oder Ihr Sohn, ist das für Sie beide nicht genau das gleiche?

NADAR: Allerdings, Monsieur Chevreul, und es gereicht mir sogar zum Vorteil, wie Sie sich denken können.

CHEVREUL: Ganz offensichtlich sind diese Abzüge nunmehr ebenso präzise wie das Kartenmaterial unseres Kriegsministeriums und sogar noch makelloser, weil sie automatisch aufgenommen wurden. Diese Anwendung könnte, wenn Sie sie gemäß Ihren Vorstellungen verwirklichen können, ein wertvolles und ökonomisches Mittel für die Verbesserung unseres Katasters sein ...

NADAR: ... dessen Erstellung uns zwei- oder dreihundert Millionen gekostet hat und weiterhin kostet ...

CHEVREUL: Doch wenngleich mir bestimmte Einwände in den Sinn kommen, könnte ich, was mich angeht, mich nicht für diese Anwendung aussprechen, ohne sie zuvor genauer geprüft zu haben, wobei ich sagen muß, daß verschiedene wissenschaftliche Fragen, die von diesem Projekt berührt werden, von meiner Kompetenz nicht allzuweit entfernt sind. Und ich will Ihnen dazu sagen, daß es, um meine Denkweise in meinen wissenschaftlichen Forschungen richtig einzuschätzen, wichtig ist, daß man mich weder als *Enzyklopädisten* noch als *Gelehrten* betrachtet, da ich – weit davon entfernt, auf diese Titel Anspruch zu erheben – erst in Anbetracht meiner nachlassenden Kräfte auf den Gedanken gekommen bin, auf verschiedene andere Wissenschaften zurückzugreifen, um von ihnen eine Bestätigung für die Richtigkeit meiner Schlüsse aus einem ursprünglich damit befaßten wissenschaftlichen Spezialgebiet zu fordern.

Der eigentliche Fortschritt in der menschlichen Gesellschaft besteht heute darin, aus dem, was neu ist, das *Wahre* und das *Schöne* einschließlich des *Guten* und *Rechten* aufzunehmen und dabei das *Schöne* und *Wahre*, das uns von unseren Vätern überkommen ist, dankbar zu bewahren. Doch man muß mißtrauisch gegen sich selbst sein und sich vor der allgemeinen Beflissenheit hüten, in den neuen Dingen nicht das zu begrüßen, was sie wirklich enthalten, sondern was man in ihnen sucht. Je aufrichtiger man ist, je mehr man den Wunsch nach Wahrhaftigkeit hat, desto weniger darf man seine Entscheidung übereilen.

Ich habe mich stets daran erinnert, wie ich in sehr jungen Jahren einen Amerikaner hörte, M. Macclure, den ersten Angloamerikaner, der sich mit Geologie beschäftigte. Er erzählte uns gern als nützliches Beispiel für den Argwohn, den man stets gegen sich selbst hegen muß, daß er bei seiner ersten Europareise, erfüllt von vertrauten Kindheitserinnerungen an die großen Flüsse Amerikas, verblüfft war über die geringe, für ihn im Vergleich unverhältnismäßig geringe Strömung unserer europäischen Flüsse, der Rhône, der Loire, der Garonne, des Rheins, der Donau usw. Diesen sehr deutlichen Eindruck, den ihm gewiß als endgültiger erschienen war, hatte er bei der Rückkehr in sein Land mitgenommen und in Erinnerung bewahrt; doch als er später auf unseren Kontinent zurückkehrte, berichtigte er auf den zweiten Blick sogleich jenes erste Urteil, dessen irrige Übertreibung er sich nun gar nicht erklären konnte und das er zunächst doch bei seiner Ehre, ja bei seinem Leben beschworen hätte.

Wenn ich Ihnen diese Anekdote erzähle, so um Ihnen ein weiteres Mal zu sagen, wie sehr wir uns selbst mißtrauen müssen. Gott bewahre, daß ich heute vorhätte, die Hoffnung als trügerisch zu behandeln, die Sie in die Photographie im Ballon gelegt haben, die mir in keinerlei Hinsicht als theoretisch irrational oder praktisch undurchführbar erscheint angesichts der planimetrischen Aufnahmen Ihres Sohnes, die aus der Gondel eines Ballons gemacht wurden und die wir als Resultat vor unseren Augen haben.

Doch beachten Sie, daß dies nur Teilaufnahmen sind, und selbst unterstellt, daß Sie jedesmal so wie geplant mit bestimmten Punkten bei stets genau gleicher Höhe operieren können, und ferner unterstellt, daß Sie in der regulären Praxis nicht auf Hindernisse stoßen, vorhergesehene oder unvorhergesehene, kann Ihnen die Ortung Ihrer verschiedenen Klischees einer gesamten Zone durch sphärische Aberrationen oder ganz andere Ursachen gewisse Enttäuschungen bereiten, und ich wünsche Ihnen genau das Gegenteil.

Ende des zweiten Gesprächs

Drittes Gespräch

Über Versuche, Ballons zu lenken, und über die Flugnavigation
mit Apparaten, die dichter sind als Luft

CHEVREUL: Als wir uns letztes Mal trennten, sprachen wir über
Ballons. Sie haben sich früher ausgiebig mit Flugnavigation beschäftigt. Seit einiger Zeit ist wieder viel die Rede davon. Denken Sie
immer noch darüber nach?

NADAR: Es wäre gewiß nicht Monsieur Chevreul, der sich erkundigen
würde, ob man etwas aufgibt, das einem als Wahrheit bewiesen wurde.
Ist es nicht so, daß Sie selbst, Monsieur Chevreul, das einzige Mittel
für den Menschen, in der Luft gegen die Strömungen zu manövrieren,
darin sehen, sich vom Beispiel der Insekten und der Vögel anregen zu
lassen, die sich darin niemals nach Belieben bewegen könnten, wenn
sie nicht schwerer – pardon! – dichter wären als Luft? Wenn man dieses mehr als evidente Prinzip zugibt, verurteilen Sie damit nicht logischerweise die seit 1783 immer wieder vergeblich unternommenen
Versuche als vollkommen chimärisch, Ballons zu lenken – zwei Wörter, die aufheulen, wenn man sie nebeneinanderstellt?

CHEVREUL: Ich werde Ihnen gestehen, daß wir uns in der Académie ziemlich lange aus dieser Frage herausgehalten haben, auch
wenn einer oder zwei von uns vielleicht ein wenig vorschnell Feuer
gefangen haben.

Was mich angeht, liebe ich es nicht, mich mit mehreren Dingen
gleichzeitig zu befassen, und ich fürchte so sehr, mich zu täuschen, *daß
ich, von den moralischen Gefühlen eines Ehrenmannes abgesehen, bereit bin,
alle Meinungen aufzugeben, die ich in den Wissenschaften haben mag, sobald
man mir aus der Erfahrung beweist, daß sie falsch sind.* Doch man muß es
mir beweisen, man muß es mir *zeigen*!

Andererseits fordert ein billiges Urteil, ein gutes Urteil von seiten dessen, der es abgibt, ein Wissen, das mit Geduld verbunden ist, und ich
füge hinzu, daß auch Wohlwollen zum Urteilen notwendig sein kann.

NADAR: Ich erkenne Sie in diesen ausgezeichneten Worten vollständig wieder; aber ...

CHEVREUL: Wenn Sie meine Meinung hören wollen, werde ich sie Ihnen kurz resümieren. Wir werden ständig von den Ballonlenkern bestürmt, die uns keine Ruhe lassen, und ich bemühe mich, ihnen aus dem Wege zu gehen, da ich trotz all der Versicherungen, mit denen sie wahrlich nicht geizen, in ihrer Theorie ein sicheres Fundament nicht einmal erahnen kann.

Beachten Sie, daß ich gern annehmen will, daß sie in gutem Glauben handeln. Doch man käme zu keinem Ende, wollte man die zahllosen *Irrtümer* anführen, die von sogenannten Erfindern in allen Dingen, die in den Bereich der physikalisch-chemischen Wissenschaften fallen, als *Wahrheiten* ausgegeben werden. Da nun jeder Irrtum irgend etwas für sich haben muß, nimmt der Ignorant genau dies als Bestätigung.

Zu allen Zeiten gab es Leute, die meinten, sie hätten eine *Erfindung* [*invention*] gemacht, wenn sie bloß eine *Einbildung* [*imagination*] hatten, was keineswegs dasselbe ist, auch wenn der *Dictionnaire de l'Académie* in seiner sechsten Auflage offenbar eine Angleichung der beiden Wörter vornehmen möchte. – Vor dieser so häufigen Konfusion zwischen der eingebildeten, erträumten Sache und der verwirklichten Erfindung muß man sich sehr hüten. – Heute, da die Erfindung einer Maschine oder eines industriellen Verfahrens ihrem Erfinder ein Vermögen einbringen kann, wenn er sie zum Patent anmeldet, kann man sich vorstellen, wie sehr unter solchen Umständen die Zahl der Aspiranten auf eine Erfindung gestiegen ist.

Auch wenn manche Leute sich hinreißen lassen, für solche Unternehmungen Gelder aufs Spiel zu setzen, sollten wir zugeben, daß Erfinder im allgemeinen wenig gefragt sind. Man ist wenig geneigt, sie anzuhören, weil man weiß, wie sehr *Leute ihres Schlages sich Illusionen hingeben – und vor allem wie ermüdend ihre Plauderei ist!*

NADAR: Ich ertrage die vertraulichen Mitteilungen der Lenker der »fliegenden Fische« schon seit zu vielen Jahren, um nicht Ihrer Meinung zu sein. Wenn man die immer gleiche Utopie unter vermeintlich verschiedenen Aspekten zu hören bekommt, wenn man sieht, wie sich seit einem Jahrhundert so viele Leute am selben Punkt festbeißen, wenn man miterlebt, welch ungeheurer Aufwand an Geld, Scharfsinn, manchmal auch Wissenschaft nur dazu führt, daß man an jedem neuen Tag so wenig vorankommt wie am Tag zuvor, und wenn man immer wieder der gleichen Nichtbeachtung der Naturphänomene, dem gleichen Mangel an Folgerichtigkeit begegnet, einhergehend natürlich mit der gleichen unerschütterlichen Gewißheit wider alle Logik und wider allen gesunden Menschenverstand – so könnte einen das zur Verzweiflung treiben. Verstehen Sie daher, daß ich mich einer gewissen Unruhe nicht erwehren kann, wenn es um eine so wichtige Frage geht, die seit vielen Jahren meine wichtigste Beschäftigung ist. Und deshalb wäre ich auch, ohne Sie um ein begründetes Urteil zu bitten, unendlich gespannt zu erfahren, ob Sie unsere Theorie der *Luftfahrt* als den gesicherten wissenschaftlichen Tatsachen widersprechend betrachten.

CHEVREUL: Sie haben auf die Reihe der ständigen Mißerfolge der Ballonlenkung seit einem Jahrhundert hingewiesen. Angesichts dieser realen historischen Tatsache, die wir als gesichert betrachten können, ist nichts weiter zu sagen oder zu tun, als sie zu Protokoll zu nehmen. Beachten Sie, daß ich weit davon entfernt bin, dem, was ich nicht erklären kann, die Schuld dafür zu geben; doch wenigstens muß man mir beweisen, was man mir gegenüber behauptet. Ich sage Ihnen noch einmal: *Damit ich glaube, muß ich sehen.*

Man kann *apriori* zugeben, daß das nachweisliche Scheitern so vieler Versuche eine ziemlich legitime Voreingenommenheit gegenüber dem Problem der Ballonlenkung nahelegen könnte. Aber diese Voreingenommenheit würde noch keine Ablehnung rechtfertigen, wenn man ihr nicht wirksame Argumente beifügte, die auf beobachteten Tatsachen beruhen.

Sie haben kürzlich abends in einer Unterhaltung mit M. de Quatrefages, der ich beiwohnte, etwas sehr Richtiges gesagt, als Sie energisch gegen jede Analogie zwischen Schiff und Ballon protestierten, die unvermeidlich zu Enttäuschung führen muß. Diese Analogie, die man uns hartnäckig immer wieder vorhält, ist in der Tat unzulässig, weil beide, Schiff und Ballon, sich in zwei Milieus von ganz unterschiedlicher, um nicht zu sagen gegensätzlicher Natur bewegen: Wasser ist absolut inkompressibel, Luft unbegrenzt elastisch. Ihr Argument, hier völlig angebracht, hat mich verblüfft, und es ist mir angenehm, Ihnen das zu sagen.

Ich weiß auch, daß Sie bei den Mitgliedern der *Académie des sciences* und des *Institut* Anhänger für Ihr System gesucht haben.

Doch wie ich Ihnen dargelegt habe, hat die besondere Natur meiner verschiedenen Studien mich nie in die Nähe von Forschungen über die Möglichkeit oder Unmöglichkeit des menschlichen Fluges geführt, und die Methode, die zu verfolgen ich mir seit jeher auferlegt habe, würde es mir nicht gestatten, Ihnen gegenüber eine Meinung über einen Gegenstand zu äußern, mit dem ich mich nicht selbst befaßt habe und der eine oder vielmehr mehrere vertiefte Untersuchungen erfordert.

NADAR: Was Sie da sagen, Monsieur Chevreul, ist vollkommen richtig, denn offenkundig gilt es eine ganze Reihe von beteiligten Wissenschaften heranzuziehen, um jene künftige Wissenschaft der Aeronavigation zu begründen. Und all die Schwierigkeiten, die uns von ihrer Verwirklichung trennen, Schwierigkeiten, vor denen selbst mancher geschulte Geist erschrocken zurückweicht, ohne sie nur erwägen zu wollen. Diese Schwierigkeiten vergrößern sich noch, weil wir angesichts eines völlig neuen Gegenstandes den Weg vom Zusammengesetzten zum Einfachen einschlagen müssen. Es war immerhin Stephenson, der, um das Rutschen seiner ersten Lokomotive auf den Gleisen zu verhindern, ihre Räder mit Stoff überzog.

Ich könnte mich niemandem und erst recht nicht Ihnen gegenüber anheischig machen, zu entscheiden, was sein muß. Ich konnte nur, ich könnte nur den Wissenden die Folge der Beobachtungen vorlegen, die mich zu der Feststellung gebracht haben, daß die Lenkung von Ballons, die leichter sind als Luft, eine absolute Unmöglichkeit ist. Die Leidenschaft, die ich dabei entwickelt habe und die mich stets gegen diese Theorie aufgebracht hat, könnte Ihnen gegenüber, gegen die gesicherten Tatsachen kein Argument sein: Ich habe gesagt und ich mußte sagen, was ich erprobt und gesehen habe.

CHEVREUL: Nun gut! Dann sagen Sie mir, was Sie gesehen haben. Selbst für den, der sich mit dieser Frage nicht beschäftigt oder sich von ihr abgewandt hat, wird sie stets eine Anziehungskraft besitzen, die ich angesichts der Geschichte aller Versuche seit Dädalus und Ikarus nicht leugnen könnte.

NADAR: Mehr als einmal konnte ich die Erfahrung machen, daß ich trotz sehr schwachem Wind beim Landen große Mühe hatte, meinen Ballon, der Bäume zerriß und Mauern durchbrach, zum Stillstand zu bringen. Sie haben gewiß bemerkt, daß es kaum Berichte über Aufstiege gibt, die nicht mit jener Unannehmlichkeit enden, die so häufig vorkommt, daß man ihr einen Namen geben mußte: das Nachziehen oder Schleifen [*le trainage*].

Ich glaubte daraus schließen zu können, daß ich, wenn ich den Ballon bei Wind nicht einfach anhalten konnte, auch nicht beanspruchen durfte, gegen diese Strömung voranzukommen. Welche Ballonformen man sich auch ausdenken mag, runde, konische oder birnenförmige, letztlich verdrängen diese Ballons immer das gleiche Volumen an Luft, und da sie von sich aus leichter sind als Luft, sind sie stets der geringsten Luftströmung unterworfen – aus dem allgemeinen Grund, daß immer der Schwächere nachgeben muß.

Was den Antrieb angeht, von dem ständig die Rede ist, als ob die ganze Frage darin läge: Auch wenn man einen starken, noch so starken Motor bauen würde, scheint mir, daß der Ballon – der aufgrund seines Prinzips der Konkavität notwendigerweise eine hohle Maschine ist, selbst wenn seine Hülle nicht aus Tuch, sondern aus Metall, Stahl oder dreifacher Bronze wäre – zwischen dem Druck des Windes und dem Druck des gegen den Wind gerichteten Apparats nach allen Regeln unweigerlich bersten müßte.

Betrachtet man schließlich historisch das endlose Defilee der Enttäuschungen all der Erfinder von Systemen zur angeblichen Lenkung von Ballons und fliegenden Fischen von den Montgolfiers bis auf den gestrigen Tag, so glaube ich daraus schließen zu können, daß die »Lenkung der Ballons« – zwei Wörter, die aufheulen, wenn man sie nebeneinanderstellt – für immer eine reine Chimäre bleibt und daß das Wort *Luftschiff* [*aérostat*] sich seinem Wesen nach als zu eng erweist, weil es an das Schicksal des Ballons gebunden ist. Ein Ballon ist kein Schiff und könnte es niemals sein. Als Boje geboren, wird er als Boje untergehen.

Ihre Nachsicht, Monsieur Chevreul, läßt mich vergessen, daß ich Gefahr laufe, Sie mit Dingen zu langweilen, die, wie Sie gesagt haben, nichts weiter sind als ein Traum, eine »Einbildung« und keine »Erfindung«. Ich werde die sehr genaue Unterscheidung nicht vergessen können, die Sie vorhin getroffen haben.

CHEVREUL: Nein, fahren Sie fort! Sie träumen nicht, wenn Sie persönliche Beobachtungen darlegen, die auf Tatsachen beruhen. Man hat immer einen Nutzen davon, wenn ein Beobachter sich über Naturphänomene Klarheit verschafft. Unter der Voraussetzung, sich vor jeder vorgefaßten Idee zu hüten, kann der Geist dann seine Schlußfolgerungen ziehen.

Was die Sache angeht, verstehe ich Ihr Zeugnis als Aussage vor Gericht, und ich bestätige Ihnen gern, daß die Begeisterung, mit der Sie Ihre These verteidigen, Sie bis jetzt nicht so weit mitzureißen scheint, daß Sie die Dinge nicht so sähen, wie sie wirklich sind, sondern so, wie Sie sie gern hätten, was generell die große Klippe ist. Und wie ich Ihnen sagte, könnte kein Mensch, der dieses Namens würdig ist, gegenüber einer Frage gleichgültig bleiben, die von jeher die menschliche Neugier gefesselt hat.

NADAR: Seit Ikarus, an den Sie erinnert haben, und seit dem Skythen Abaris, von dem bei Diodor die Rede ist, bis zu Hugo, der uns »*Die Freiheit im Licht!*« voraussagt – denn die Theorie des *Schwerer-als-Luft* hat ihre heroischen Zeiten –, kann man sagen, daß der Mensch nie aufgehört hat, in die luftige Sphäre aufzublicken, die, wie er fühlt, ihm gehören müsse – wenn er sie durch Forschung erobert hat.[29] Es ist das, was der Jesuit Lana, der mit der Erfindung seiner Vakuumkugeln Montgolfier zuvorkam, »*den vernünftigen Wahn*« (*sapientem stultitiam*) nannte.[30] Immer und überall hat der Mensch nach einem Mittel gesucht, die Lüfte zu durchqueren, und ich sehe darin einen Hinweis, den man beachten sollte, wenn Fourier sich nicht mit der Behauptung geirrt hat, daß »unsere Leidenschaften proportional dem entsprechen, was uns als Schicksal bestimmt ist«.[31] Wenn aber unsere Hoffnungen mit unseren Fähigkeiten in Einklang stehen, werden wir bemerken, daß wir – nicht einmal, wenn wir unsere Irrenhäuser durchsuchen würden – noch nie darauf gestoßen sind, daß ein menschliches Hirn, wie verbrannt es auch sei, sich mit einem Verfahren beschäftigt hätte, im Feuer zu leben.

Da Sie es mir gestatten, Monsieur Chevreul, liegt mir daran, Ihnen so summarisch wie möglich das Resümee der Beobachtungen vorzustellen, denen ich einen Teil meines Lebens gewidmet habe. Ich bin also zu der Einschätzung gekommen, daß die sogenannte »Lenkung der Ballons« buchstäblich zu nichts führen kann, und bin vielmehr dem Gedanken treu geblieben, daß jedesmal, wenn der Mensch zur Befriedigung seiner Bedürfnisse die Natur nachahmen wollte, er ihrem Vorbild gleichgekommen ist, ja es übertroffen hat.

CHEVREUL: Nehmen Sie sich hier wohl in acht? Sie verlassen die reine Beobachtung.

NADAR: Verzeihen Sie mir. Der Mensch, von Geburt das schwächste und nackteste Wesen, bewaffnete sich, und vor ihm flüchteten die gefährlichsten Tiere. – Er hatte nicht die vier flinken Beine des Pferdes und des Hirschs, doch um wie vieles läßt er mit seiner Lokomotive den Hirsch und das Pferd hinter sich? Sein Teleskop nimmt es mit dem sprichwörtlichen Luchsauge auf. Ohne Schwimmapparate bezwingt er das Wasser, wandelt auf ihm und sogar unter ihm. Er unterwirft sich die Flamme und läßt sich von ihr tragen. Er sendet den Blitz seiner Worte, schneller als der Schall, von einer Hemisphäre zur anderen ...

CHEVREUL: Gut! Gut! Aber ich bitte Sie, geraten wir nicht auf Abwege! Sie haben mir angekündigt, daß Sie mir sagen wollten, was Sie persönlich zu dem Thema, das uns gegenwärtig beschäftigt, beobachtet haben. Sagen Sie mir, was Sie persönlich gesehen haben.

NADAR: Ich habe gesehen, Monsieur Chevreul, daß alle fliegenden Tiere, Vögel, Insekten und andere, bis hin zur zarten Eintagsfliege, deren Gewicht kaum meßbar scheint – daß alle schwerer, pardon! dichter sind als Luft. Daß sie sich in die Luft erheben nicht wegen einer Differenz des spezifischen Gewichts, sondern aufgrund der mechanischen, dynamischen und statischen Gesetze. Ich habe gesehen, daß die Rakete, die dichter ist als Luft, trotz ihres Eigengewichts und des Gewichts ihres Antriebs aufsteigt. Ich glaubte daraus natürlich die Folgerung ziehen zu können, daß Körper, die schwerer sind als Luft, sich in die Luft erheben können trotz des absoluten Verbots von Lalande, der verkündete, »die Unmöglichkeit, sich durch Schlagen in der Luft zu halten«, sei »ebenso gewiß wie die Unmöglichkeit, durch die Differenz des spezifischen Gewichts luftleerer Körper aufzusteigen« – Lalande vergaß die Seifenblasen seiner Kindheit und ahnte nicht, daß die Gebrüder Montgolfier – auf den Monat genau ein Jahr nach seiner Voraussage – ihm das unwiderleglichste Dementi liefern würden. Doch wie Ihr Kollege Biot gern zu sagen pflegte, ist »nichts einfacher als das, was gestern geschah, und nichts unmöglicher als das, was morgen geschehen wird«.

Nachdem ich also gesehen hatte, daß Körper, die schwerer sind als Luft, in die Luft aufsteigen, wollte ich meinen Blick erweitern.

Ich sah, daß von drei Kugeln gleicher Größe, mit gleicher Kraft geworfen,

- – die aus Blei unseren Augen entschwindet,
- – die aus Kork ein paar Schritt von uns entfernt niedergeht,
- – die aus Holundermark oder besser noch aus dem Mark der Sonnenblume zu uns zurückkehrt.

Ich sah, daß Tauben, die ich in meinem Ballon mitgenommen hatte, bis zu einer bestimmten Höhe ihren offenen Käfig nicht zu verlassen wagten und unfähig wurden, davonzufliegen, daß sie schließlich, wenn ich auf den Rand meiner Gondel setzte, den Abgrund vor Augen entsetzt einen Satz rückwärts machten, wie vom Taumel ergriffen. Ich habe den Taumel des Vogels *gesehen* ...

Und zum Vergleich mit diesem Taumel bei den kleinen Fliegern sah ich, mit Humboldts Worten als Zeugnis, wie der Kondor – das größte und schwerste aller Flugtiere – mit Leichtigkeit über den Gipfeln der Andenkordilleren und bis zu siebentausend Meter hoch über den Himalajagipfeln schwebt. Ich sah die alljährlichen Vogelzüge der Schwalben, der Störche und der Kraniche, die dem Zwang gehorchen, sich zu großen Massen zu vereinigen, um sich in instinktiver, doch geschickter Formation in der Luft zu behaupten. Ich sah viele Male, wie die Schwalben, ehe sie von ihrer allgemeinsten Sammelstelle aus, nämlich der Kuppel Ihres *Institut*, Paris verlassen – ich sah, wie sie die umhegten Jungen durch tausendfach wiederholte Manöver an zahlreichen Stellen bei Einbruch der Dunkelheit auf den kollektiven Abflug vorbereiten und trainieren. Bei diesen Wettflügen unter Kommandorufen repetieren diese Kompanien und Bataillone von Vögeln wie Komödianten, die bei ihrer Premiere gute Figur machen wollen, den großen Aufbruch der gesamten Armee. Ich sah, wie es selbst der kleinen Wachtel, die sich dank ihrer großen Zahl in der Luft behauptet, in jedem Herbst gelingt, das Mittelmeer zu überqueren, um ihr afrikanisches Winterquartier zu erreichen, und ein Jäger, dem ich geglaubt habe, obwohl er ein Marseiller war, gab mir zu verstehen, wie sein stets leerer Reißzahn sich manchmal bei unerwarteter Gelegenheit für eine Winterwachtel öffnete – eine zerstreute, die den Zug verpaßt hatte ... Um diese stets in die gleiche Richtung weisenden Beobachtungen mit der so »experimentellen« Anekdote – wie Ihre Methode es verlangt – des Schwamms meines verstorbenen Mitarbeiters Lalandelle abzuschließen ...

CHEVREUL: Was ist das für ein experimenteller Schwamm?

NADAR: Der Schwamm, den der Arbeiter fallen läßt, der in der zweiten Etage mit der Reinigung von Perserteppichen beschäftigt ist.

Er ruft seinem Gehilfen am Fuße der Leiter zu, ihm den Schwamm wieder hinaufzuwerfen.

Doch weil der Schwamm allzu leicht ist, erreicht er nicht seine Bestimmung.

Der Gehilfe unten begreift das sofort, durchnäßt ihn in der Gosse – und wirft ihn erneut, *nun hinreichend beschwert* ...

Daraus habe ich geschlossen ... Aber, Monsieur Chevreul, Ihre Nachsicht läßt mich allzusehr vergessen, daß ich die Zeit verliere, die Sie mir freundlicherweise gewährt haben, um Ihnen zuzuhören.

CHEVREUL: Was haben Sie geschlossen? Erklären Sie sich.

NADAR: Um es kurz zu machen: Ich hatte also festgestellt, daß, wären nicht alle fliegenden Tiere spezifisch dichter als Luft, es ihnen auf immer versagt bliebe, sich in der Luft zielgerichtet zu orientieren – ganz so, als wären sie einfache Ballons und sogar doppelte.

Anschließend habe ich beobachtet, daß unter den größten Fliegern die schwersten am höchsten und am leichtesten fliegen, weil sie sich in Luftschichten bewegen, die wegen ihrer geringeren Dichte den kleineren versagt ist.

Indem ich nun mit dieser zweiten Beobachtung die der massenhaften alljährlichen Wanderungen unserer Zugvögel in Einklang brachte, deren Entfernungen einzelne Vögel nur schwer oder gar nicht zu überwinden vermöchten, schloß ich, daß man nicht nur schwerer sein müßte als Luft, um sich in der Luft zu halten, sondern daß man darüber hinaus *um so leichter in der Luft vorankommt, je schwerer man ist.*

Beim Anblick der Montgolfière sagte sich der Mensch: Das Schwierigste ist geschafft, ich steige auf. Es geht nur noch darum, in der Luft zu manövrieren.

Der Mensch sah nicht – und seit hundert Jahren wollen viele Menschen hartnäckig nicht sehen –, daß das Prinzip, dem sie den Aufstieg verdanken, genau dasselbe Prinzip ist, das ihnen das Manövrieren in der Luft auf immer verwehrt.

Nachdem der Mensch so viele Male bewiesen hatte, daß er einzig dank seines Verstandes das Recht hat, all das zu verwirklichen, was das Tier vermag, kam ich zu dem Schluß, daß man hier den Lösungsweg umkehren und nach schweren Apparaten verlangen muß, da die leichten versagten.

Dieses System setzte dem Empirismus ein Ende, und Hahnemann hatte uns den Weg gewiesen, indem er in der Homöopathie das Ähnliche an die Stelle des Gegensätzlichen treten ließ, ein Weg, dem M. Pasteur exakt gefolgt ist.

CHEVREUL: Hüten Sie sich vor Gleichsetzungen: Sie wissen, daß Vergleiche kein Argument sind. Ich verlasse mich nur darauf, daß Sie, wenn Sie zur experimentellen Praxis kommen, die als einzige für uns maßgeblich sein kann, nicht das Gesetz der Anziehung oder, wenn Sie lieber wollen, das Gesetz der Schwerkraft vergessen, dem zufolge ein Körper in der ersten Sekunde fünf Meter fällt.

NADAR: Ich kenne dieses Gesetz, Monsieur Chevreul, um mich ihm oft genug widersetzt zu haben. Doch bei all meinem Respekt vor den Gesetzmäßigkeiten erlauben Sie mir, wenn ich mich zunächst einmal frage, was die Schwerkraft eigentlich ist?

Ich frage mich, wieviel der in den Lüften gleitende Vogel wiegt – wieviel ein Drachen in der Wolke wiegt – wieviel der abgeschossene Pfeil wiegt?

Ein Schlittschuhläufer mit einem Gewicht von durchschnittlich 60 Kilo wird von einer fünf bis zehn Zentimeter dicken Eisdecke getragen. Mit all seiner Schwungkraft voranstürmend, gelangt er an einen Spalt, der von einer Eisschicht von ein oder zwei Zentimetern überdeckt ist, und diesen Spalt überwindet er, ohne einzubrechen – welches Gewicht hatten auf diesem Spalt die 60 Kilo unseres Schlittschuhläufers?

Eisenbahnbrücken, die, ohne einzustürzen, Tausende von Zügen bei jeder Geschwindigkeit getragen haben, geben unter einem haltenden Zug nach und brechen zusammen.

Auf der Grundlage welcher Proportionen regelt das Gesetz der Schwerkraft sein Verhältnis mit der Ballistik, und an welchem genauen Punkt ihrer Flugbahn beginnt die Kanonenkugel eine gewisse Ermüdung zu spüren? In welchem anderen Moment weiß sie ihrem Bedürfnis nach Ruhe nicht mehr zu widerstehen?

Aus welchem Grund vermag die Wolke Schnee, Hagel und Regen bis zu einem gewissen Augenblick zurückzuhalten?

Warum fallen die Sterne nicht herunter?

Wollen Sie bitte, Monsieur Chevreul, dieser Respektlosigkeit vor diesem Gesetz oder diesem Dekret der Schwerkraft, ohne deren Prinzip zu leugnen, meine Unwissenheit zugute halten. Ich könnte darin, in ihren Anwendungen, nur ein relatives und kein absolutes Gesetz erkennen, denn je nach den unterschiedlichen Wirkungsweisen und Umgebungen wiegt ein bestimmter Körper in einem jeweiligen Moment mehr oder weniger. Denn indem sie sich verbinden, bringen zwei verschiedene Kräfte, die Schwerkraft [*pensenteur*] und die Schleuderkraft [*projection*] zum Beispiel, unbeschadet der Gültigkeit der Gesetze, denen sie jeweils unterstehen, kombinierte Wirkungen hervor, die um so unendlicher sind, als diese Kräfte in einem Milieu wirken, das selbst eine Vielfalt von Widerstands- oder Unterstützungsgraden aufweist.

»*Das Gewicht des Menschen*«, hat uns die Académie erklärt zu einer Zeit, als Sie ihr noch nicht angehörten, »*ist das ewige Hemmnis für den Flug des Menschen, und gegen dieses Gewicht ist die menschliche Kraft auf immer machtlos.*« Doch die Académie hätte uns wiederum sagen können, auf welches Maximum sie die Kraft des Menschen festgesetzt hat, unter allen Vorbehalten einer Verifikation ihrer Behauptung, denn was die wissenschaftliche Gesetzgebung angeht, welche die Académie zu unserem Gebrauch erläßt, bin nicht ich es, Monsieur Chevreul, der Sie darüber belehren müßte, wie viele Fehlurteile, abwegige Auskünfte, Behauptungen und Leugnungen von Anfang bis Ende Ihrer exzellenten Methode *a posteriori* widersprechen.

CHEVREUL: Ich muß Ihnen gestehen, daß ein Ausländer – kein Preuße, wie ich mich zu sagen beeile – mich zu einer gewissen Zeit bereits darauf hingewiesen hat, daß man den Sitzungsprotokollen der Académie Rezepte entnehmen kann, auf die eher die *bürgerliche Küche* Anspruch zu erheben berechtigt wäre, eine Bemerkung, die, wie ich zugebe, der Wahrheit nicht ganz entbehrt; und er fügte hinzu, daß einige davon etwas *aufgewärmt* schmecken, eine Zuschreibung, die man nur als absolut falsch bezeichnen kann.

Doch abgesehen davon wollen Sie bitte beachten, daß auf Ihre Frage Antwort gegeben wurde. Die ausgeführten Experimente bestätigen uns, daß die Kraft des Menschen ihn nicht über mehr als einen Meter pro Sekunde erheben könnte.

NADAR: Ohne es zu wagen, mich über die Frage des direkten menschlichen Fluges zu äußern, erlauben Sie mir, Ihnen zu antworten, daß die menschliche Kraft für mich der menschliche Verstand zu sein scheint und daß es mir verwegen schiene, sie nach Kilogramm und Metern zu veranschlagen.

Es ist diese Kraft, die es mir ermöglicht, einen zweitausend Kilogramm schweren Granitblock nach allen Seiten hin zu drehen, den ich, wäre ich auf meine Muskeln beschränkt, kaum ins Wanken zu bringen vermöchte. Diese Kraft ermöglicht es einer Magd – die kaum ihre beiden vollen Eimer mehrere Minuten lang tragen könnte –, im Kolben einer Pumpe pro Sekunde und über eine Stunde lang eine Wassersäule von über zweiunddreißig Fuß zu heben. Weniger noch als in einer früheren Epoche könnte diese Kraft heute begrenzt sein.

»*Der antike Herkules war ein Mann in der vollen Kraft seines Alters mit hervorspringenden Muskeln; der moderne Herkules ist ein Kind, das einen Hebel drückt.*«[32] Ich freue mich, daß es ein Mitschüler war, ein mir teurer Freund, der dieses Wort geschrieben hat.

CHEVREUL: Wir haben gesagt, daß wir nicht Poesie treiben wollen.

NADAR: Sie würden hier den verkennen, Monsieur Chevreul, den ich eben zitiert habe. Sie würden bemerken, daß der Träumer, dem Sie hier zu begegnen meinen, ein naturforschender Beobachter ersten Ranges ist, wenn Ihnen bekannt wäre, daß er Monate damit verbracht hat, Tabellen aufzustellen, die eines der Hauptprobleme der Luftnavigation betreffen. Louis de Lucy verwandte seine ganze minutiöse Geduld darauf, die proportionalen Verhältnisse zwischen dem Gewicht flugfähiger Tiere und der Spannweite ihrer Flügel zu untersuchen. Er wog sie und maß sie, von den eindrucksvollsten Vögeln bis zu den kümmerlichsten Insekten, vom Geier bis zum Hausbockkäfer. Das Resultat, das er fand, ist ganz und gar unerwartet und widerspricht völlig sämtlichen Verneinungen und dem Verbot, die von den Repräsentanten gesamten offiziellen Wissenschaft ausgesprochen worden

waren – von Borelli, dem Holländer Nieuwentyt, Coulomb, Lalande, Condorcet, Monge und Bossut höchstpersönlich, vor allem aber dem unerschütterlichen Nabier –, die bisher akzeptiert wurden und uns als Gewißheiten erschienen, die man nicht einmal im Traum angezweifelt hätte: »*Je weniger das zum Flug bestimmte Tier wiegt, desto relativ größer ist die Fläche seiner Flügel; je mehr es wiegt, desto weniger beträchtlich ist seine relative Spannweite.*«

Und wie paradox dieses Gesetz auf den ersten Blick auch erscheinen mag – ich füge hinzu, daß von der unendlichen Menge von Beobachtungen, die M. de Lucy dazu gebracht haben, es aufzustellen, es *nicht eine* gibt, die nur ein einziges Mal die unbeugsame Regel dieser unveränderlich reziproken Proportionen bei einem Fehler ertappt hätte.

CHEVREUL: Wenn diese Beobachtungen Ihres Freundes bestätigt werden und unstrittig sind, so haben Sie damit unzweifelhaft ein Argument zugunsten Ihrer Theorie des *Schwerer*- und sogar des *Vielschwerer*-als-Luft. Doch Sie können nicht leugnen, daß der Vogel ein Fluginstrument ist, das die menschlichen Bemühungen zur Verzweiflung treiben muß. Die Anatomie beweist Ihnen beim Vogel einen völlig angepaßten pneumatisierten Knochenbau und vor allem eine

Muskulatur der Flügel, die den Funktionen, die sie erfüllen sollen, völlig angemessen ist. Sie brauchen nur die Bedeutung seiner Brustmuskeln und ihrer Verbindungspunkte zu beachten, ganz zu schweigen von der wahrlich bewundernswerten Anordnung der Federn, der großen wie der kleinen.

NADAR: Wenn Sie mir Ihre Aufmerksamkeit geschenkt haben, Monsieur Chevreul, werden Sie bemerkt haben, daß ich die Frage nach der Möglichkeit des direkten menschlichen Fluges – ohne sie zu leugnen – gegenwärtig gemieden habe. Ich erkenne an, daß der Vogel eine wunderbare Mechanik ist. Aber ich finde, daß man die Kraftanstrengung weit übertrieben hat, die er aufwendet, und ich stehe mit dieser Meinung nicht allein.

Einer der Unseren, ein einfacher Lyoner Handwerker mit Namen Michel Loup, hat festgestellt, daß die dynamische Anstrengung, wie wichtig sie auch sei, bei weitem nicht die Gesamtwirkung beim Flug ausmacht. Die gelehrten Beobachtungen des Dr Marey – ebenfalls ein Parteigänger der *Schwerer-als-Luft*-Theorie – bestätigen die Daten von M. Michel Loup. Es steht außer Zweifel, daß das Gewicht des Vogels, das erste Hindernis, in dem Maße ausgeglichen und verteilt wird, in dem die verschiedenen Neigungen der Flügelflächen zur Fortbewegung beitragen. Aus der Koordination seiner Beobachtungen leitete Michel Loup die Axiome ab, die ich Ihnen unterbreite und die mir Ihre Aufmerksamkeit zu verdienen scheinen.

– Das erste Prinzip des luftgestützten Vogelflugs ist, daß es den Vogel niemals zu Fall kommen läßt.

– Der Fall im ersten Moment ist nahezu null, vor allem, wenn der schwebende Körper eine größere Oberfläche hat.

– Die aktive Kraft, die zu einem bestimmten Zeitpunkt aufgewandt wird, wird im folgenden genutzt.

Ein anderer Beobachter, Hauptmann A. Giraud, schrieb 1858: »Man spricht von der Muskelkraft der Vögel. Die Ursache, die bewirkt, daß sie sich in der Luft halten, ist ebenso unbekannt wie vor Pascal die Ursache für das Aufsteigen des Wassers im Kolben der Pumpe, das man mit dem *horror vacui* erklärte.« Doch hatte nicht vor allen anderen Buffon, der große Beobachter, geschrieben: »*Um sich in der Höhe zu halten, braucht der Vogel nur schwache Flügelschläge ...*«

Indem wir uns auf ähnliche Beobachtungen und Arbeiten höchst ernsthafter Männer stützen, wie Vancton, Merwein, Huber, Chabrié, J.A. Sanjon (Vater und Sohn), der Schwede Tollin, Denian, Dubochet (aus Nantes), Cagniard, de Latour, Franchot, Barral, Belegnic, Emm. Liais, de Semalé, d'Esterno, Pline, de Lucy, Gandillot, Saliver, J. Verne, du Temple, H. Bright, Lanverau, Lord Carlingford, Louis Grandeau, de Ponton d'Amecourt, Landur, Telescheff, Garapon, Engel, Van Monckhoven usw. usw., sind wir zu der Einschätzung gelangt, daß *von allen Mitteln der Lokomotion der Flug vielleicht derjenige ist, der den geringsten Kraftaufwand verlangt.*

CHEVREUL: Sie selbst stellen fest, daß Sie im Bereich der Hypothese bleiben.

NADAR: Wie könnten wir es nicht, solange die Idee noch nicht konkrete Gestalt angenommen hat und in die Ordnung der Tatsachen übergegangen ist? Es könnte sich hier noch gar nicht um einen vollkommen aufgeklärten, in den Lehrbestand eingegangenen Gegenstand handeln. Werden Sie also nicht die aus der Beobachtung hervorgegangene Induktion zulassen, haben Sie sie nicht selbst bei mehr als einer Gelegenheit zugelassen? Und vor allem, wer bin ich, ich! vor diesem Problem, vielleicht dem größten der menschlichen Probleme? Ich kann Ihnen nur vorlegen, was ich gesehen habe, was ich daraus abgeleitet habe, doch ich kann bei Ihnen nur Funken schlagen, nicht aber das Feuer entzünden.

Alles in allem, Monsieur Chevreul – da es mir unmöglich ist, nicht darauf zurückzukommen –, wenn Sie sich die relative Geschmeidigkeit der besten Flieger ansehen, der Meeresvögel, die selbst in Stürmen mit den Luftströmungen fertigwerden, scheint es Ihnen nicht so, daß die Kraft der Brustmuskeln beim Vogel überschätzt wurde in Situationen, die keine exakte Beobachtung erlaubten und beim Flug nur die dynamische Wirkung erkennen ließen, ohne die Statik und die übrigen Phänomene, die den Flug ausmachen, zu berücksichtigen – einschließlich der Kraftquellen, die von dem Milieu selbst, in dem der Flug stattfindet, geliefert werden?

Sie selbst haben sehr weise gesagt, daß alle Behauptungen in Zusammenhang gebracht werden müssen, daß jeder Körper und jede Handlung, um richtig definiert zu sein, unter drei Gesichtspunkten betrachtet worden sein müssen, dem absoluten, dem relativen und dem korrelativen, und wenn je ein Axiom seinen rechten Platz gefunden hat, so ist es hier.

Wenn der Vogel durch die Luft gleitet, muß er sich in der Tat nicht anstrengen, er genießt; er genießt es, das *Manövrierkapital* [*direction*] zu verausgaben, das er durch *seinen Aufstieg* [*ablation*] erworben hat. Können wir vergessen, daß wir dem Fregattvogel vierhundert Meilen von der Küste entfernt begegnen, dessen Füße so verkürzt sind, daß er damit weder gehen noch rudern kann, um auf dem Wasser auszuruhen? Vierhundert Meilen Hinweg am Morgen, vierhundert Meilen zurück – was für Zahlen! –, um sich am Abend schlafen zu legen, das macht für diesen Vogel achthundert Meilen im Tagesverlauf – und dabei sollten wir uns nicht scheuen, diese Zahl noch einmal zu verdoppeln, um alle Abstecher, Umwege, Rückwege usw. annähernd zu berücksichtigen. Welch unberechenbare Verausgabung von Kraft hat also dieser Vogel nach den Berechnungen unserer Schulmeister im Laufe eines Tages geleistet, um am nächsten wieder neu zu beginnen? Wie viele Millionen »Kilogramm-Meter« hat also, wenn der Abend kommt, dieser Fregattvogel gestemmt, wenn er sich's nicht mit M. Navier und den offiziellen Zahlen verderben möchte?

Erlauben Sie mir, Monsieur Chevreul, mit allem Respekt daran zu erinnern, daß die Akademien, einschließlich des großen Cuvier, und obendrein die Encyclopédie uns anfangs erklärt haben, der Vogel (und demnach auch der Schmetterling und die Libelle) steige wie die Montgolfière dank der warmen Luft auf, die er enthält, ohne dabei jene Kleinigkeit zu erwägen, daß die Montgolfière, um aufzusteigen, ihr Volumen ungefähr achthundertfach vergrößert.

Als es dann nötig war, die Frage ein wenig genauer zu fassen, versicherte uns Borelli in *De motu animalium* (1715) – und seine Berechnungen stimmten mit denen von Nieuwentyt genau überein –, daß die von einem Vogel bei einem äußerst langsamen Flug verausgabte Anstrengung das Gewicht seines Körpers *zehntausendmal* überschreitet.

Wenn wir nun aber die Zahlen des Mathematikers Borelli ernst nähmen, müßten wir von einer sechs Pfund schweren Gans schon bei langsamstem Flug eine Leistung von dreißigtausend Kilogramm fordern, das heißt die Kraft von fünftausend Männern oder fünfhundert Pferden ... Der Akademiker Coulomb (1780), der das Werk Borellis fortführt, fordert für einen Menschen, der sich in der Luft halten soll, Flügel von zwölftausend Quadratfuß, während unsere soeben genannte Gans –

und ich ziehe es vor, bei ihr in die Schule zu gehen – mehr Kilogramm wiegt, als sie Quadratfuß hat. Der ungestüme Lalande bestätigt das Dekret von Coulomb und fügt noch etwas Eigenes hinzu – einen weiteren Bericht, unterzeichnet von Namen wie Condorcet, Monge und Bossut, bitte sehr! –, der noch einmal die geforderten zwölftausend Quadratfuß Flügel bestätigt, und die Akademie (der Sie nicht angehörten) billigt einstimmig diesen Bericht, der, wie sie sagt, *»geeignet [ist], aussichtslose Unternehmungen zu ersparen«*. Und schließlich, um endlich mit unseren tollwütigen Anhängern des mechanischen Flugs zum Ende zu kommen, setzt die Akademie (am 6. September 1830) einen ihrer besten Kalkulatoren, Navier, auf dieses Thema an und verkündet den endgültigen Bericht, der uns als Glaubensartikel vorgesetzt wird.

Ich beschränke mich darauf, nur zwei Perlen daraus aufzulesen:

»Der Mensch hat, unter sonst gleichen Umständen, nicht den achtzigsten Teil der Kraft, die der Vogel verausgabt, um sich nur in der Luft zu halten ... Wenn der Vogel gleitet, ist die Quantität der verausgabten Aktion des Vogels pro Sekunde gleich derjenigen, die er benötigen würde, um sein eigenes Gewicht auf acht Meter Höhe zu bringen ...«

(Oh Marey, der du *weißt*, weil du *beobachtest*!)

Und dieser gute Navier bemerkt nicht, daß all die gelehrten Berechnungen, die er anstellt, um dem Menschen das Recht auf den Flug zu nehmen, gleichermaßen den Vogel am Fliegen hindert, weil sie von der Gans die Kraft von vier Männern verlangen, um sich vom Boden zu erheben ...

Doch wenn all diese vorgeblichen Berechnungen richtig wären, wie konnte der Mensch bisher so blind und töricht sein, keinen Augenblick daran zu denken, solche Vorräte unerschöpflicher Kräfte für die Nutzung in seinen Industrien zu verwenden!

CHEVREUL: Das Argumentationssystem, das Sie mir zu bevorzugen scheinen, erlaubt es Ihnen, mit Leichtigkeit von einer Idee zu einer anderen überzugehen und unterschiedslos alle Dinge, sogar Polemik und Scherz mit der ernsthaften Dialektik zu vermischen, zu der jede physikalische Frage uns nötigt.

Ohne zu verkennen, daß dieses System auf nützliche Weise in Ihre Beweisverfahren eingehen könnte, kann ich Ihnen nicht zugestehen – und Sie selbst können von mir nicht verlangen, daß ich Ihnen zugestehe –, daß die verschiedenen Irrtümer, die Sie aufzählen, nachdem zunächst überprüft worden ist, daß Sie sich nicht irren, wenn Sie sie zu solchen erklären, ausreichen, um eine wissenschaftliche Überzeugung hinsichtlich des riesigen Problems zu festigen, das anzupacken Sie sich nicht gescheut haben.

Aus diesen irrigen Behauptungen, die vorgebracht worden sein sollen (wobei alle Menschen sich irren können) könnte nur folgen, daß, wenn die Navigation der Aerostaten uns als Chimäre erscheint, Ihre Lösung des menschlichen Flugs durch schwere Apparate so gut wie geklärt wäre. Sie verharrt jedoch, und für lange Zeit, wie ich glaube, vor dieser vorgängigen Frage des Gewichts, die Ihnen unbedeutend oder kaum bedeutend zu sein scheint, die gleichwohl aber Ihr erster Stolperstein ist.

NADAR: Haben Sie, Monsieur Chevreul, Ihren Kollegen Monsieur Babinet gekannt?

CHEVREUL: Gewiß, wir sind uns im *Institut* begegnet, doch ohne miteinander Umgang zu pflegen.

NADAR: Die Herren Lalandelle und Ponton d'Amecourt – die beiden anderen Wiedertäufer, die zusammen mit mir unser *Schwerer-als-Luft*-Trio bildeten –, hatten sehr vernünftigerweise damit beginnen wollen, jedermann experimentell zu beweisen, daß eine Maschine, die schwerer ist als Luft, sich von selbst in die Luft erheben kann. Zu diesem Zweck ließen sie von einem intelligenten Handwerker eine Reihe verschiedener Modelle kleiner Helikopter herstellen, deren Propeller zwei, drei, vier Flügel besaßen und auf einem Steg montiert waren, der mit der Feder eines Uhrwerk verbunden war. Man ließ die Sperrklinke los, die gespeicherte Kraft versetzte die Stange plötzlich in Umdrehung, und die Flügel schraubten

sich in die Luft, das kleine Instrument stieg ein paar Meter auf, um wieder niederzugehen, so gut es konnte, doch der Beweis war geführt. M. Babinet kam, um sich diese Spielzeuge anzusehen, an deren einem ein kleiner Drahtkäfig befestigt war. In dem kleinen Käfig eine Maus.

Am folgenden Sonntag in seiner Vorlesung der polytechnischen Gesellschaft im medizinischen Hörsaal äußerte er sich – nachdem er zuvor erklärt hatte, daß die Unmöglichkeit, Aerostaten zu steuern, gesichertes Wissen sei und daß es für jeden gesunden Geist verlorene Zeit sei, darauf zu beharren – folgendermaßen:

»Nachdem man uns Apparate gezeigt hat, die von selbst in die Luft aufsteigen, haben wir, meine Herren, gewonnenes Spiel, denn dieses Resultat, wie unbedeutend es auch scheint, ist grundlegend. *Ich bedaure es und ich bekräftige es: Ihr Propeller, der eine Maus aufsteigen läßt, wird zehnmal leichter einen Elefanten aufsteigen lassen, weil das relative Gewicht jeder Maschine im Verhältnis zur Vermehrung seiner Kraft abnimmt. Da haben Sie also den Aufstieg. Mit dem Manövrieren sieht es nicht weniger positiv aus. Wenn Sie das Mittel haben, sich vom Boden zu erheben, verfügen Sie auch über das Mittel, zu manövrieren. Sobald Ihnen der Aufstieg gelungen ist, haben Sie damit ein Kapital an*

Kraft plaziert, das Sie nur noch nach Ihrem Belieben verausgaben müssen,
weil man auf der Seite niedergeht, in die man sich neigen möchte.«

Und er schließt folgendermaßen:

»Die Ursache ist bestens bekannt. Es geht nur noch um Technologie und
Geld. Ich würde meinen Kopf dafür verwetten.«

Im Namen dieser Autorität, Monsieur Chevreul, würden Sie mir vielleicht verzeihen, Sie über die Maßen mit der fixen Idee ermüdet zu haben, der ich viel gegeben habe, die mich viele Mühen gekostet hat und die mich bis zum letzten Atemzug im Bann halten wird.

CHEVREUL: Das ist das gemeinsame Schicksal aller Enthusiasten, die sich glücklich schätzen dürfen, wenn der Zeitpunkt gekommen ist, der ihnen bestätigt, daß sie recht hatten!

Was meinen Kollegen Babinet angeht, so bin ich nicht erstaunt, daß er sich mit Ihnen getroffen hat. Er ist ein höchst verdienstvoller Mann, aber was mich betrifft, wüßte ich Ihnen nicht so leicht Antwort zu geben auf eine der kompliziertesten und, wie Sie richtig vermutet haben, schwierigsten Fragen.

NADAR: Was mich veranlaßt hat, Ihre Geduld zu strapazieren, Monsieur Chevreul, und wofür Ihre Güte mich entschuldigen wird, ist die sehr hohe Wertschätzung, die ich mit Ihrem Urteil verbinde innerhalb unserer Schule, der der Aeronavigation mit ausschließlich schweren Apparaten und dem Manövrieren der Aerostaten.

CHEVREUL: Auch wenn Sie mir in Ihrem Plädoyer mehr als ein wesentliches Argument geliefert haben, werde ich Sie bitten, mir die Zeit zum Nachdenken zu lassen, die ich brauche, um Ihnen in vollkommener Kenntnis der Gründe zu antworten, und ohne daß ich möglicherweise die Unterbrechung bedauern müßte, um die Sie mich bitten.

Vorläufig und, wohlgemerkt, ohne zu behaupten, daß die Erfüllung Ihrer Hoffnung zu einem gegebenen Zeitpunkt in den Bereich der vollendeten Tatsachen eingehen könnte, glaube ich sagen zu können, daß theoretisch und logisch für mich unzweifelhaft ist, daß Sie mit Ihrem ausschließlich aus schweren Apparaten bestehenden System recht haben. Abgesehen von dem mechanischen Widerstand, der durch den Druck der Luftströmungen entsteht, stützen Sie sich auf ein unbestrittenes Prinzip, nämlich das zuerst von Archimedes genannte *Gewicht der Luft*, bestehend aus Sauerstoff und Stickstoff. Jean Rey bewies es 1645, indem er experimentell nachwies, daß Luft, die in einen Ballon geblasen wird, dessen Gewicht erhöht.

Pater Mersenne schrieb an Jean Rey einen langen Brief, in dem er ihm alle nur denkbaren Einwände gegen das *Gewicht der Luft* machte, und die Antwort Jean Reys auf diesen Brief ist wunderbar zu lesen. Man sieht, daß vermeintlich sehr starke Einwände in Wirklichkeit nur Beweise für das Gewicht der Luft sind. Zum Beispiel wendet Pater Mersenne ein: Wenn man ein Loch in einen Holzboden bohren würde und wenn die *Luft* nicht *leicht* wäre, dürfte sie dort nicht aufsteigen; und Jean Rey antwortet ihm: Gerade weil die an den Holzboden angrenzende Luft schwer ist, ist der Luftdruck höher als derjenige, den der Abschnitt der Luft aufweist, der die Öffnung des Lochs berührt, und läßt sie dort aufsteigen.

Ich sehe Sie nicht als jemanden, der auf Anhieb furchtlos entschlossen die Wolken durchqueren will gleich dem von den Horen geführten Wagen, doch klar ist, daß Sie sich nicht auf das Vakuum stützen, sondern im Gegenteil auf einen widerständigen Körper. Ihre Theorie scheint mir rational, und wenn Sie keinen Irrtum begehen, kann sie nur unter Ausschluß jeder anderen Methode gelten, denn beachten Sie, daß ich, wenn Ihre Prämissen akzeptiert werden müssen, nicht weniger entschlossen bin, die gemischten Systeme abzulehnen, die behaupten, sich gleichermaßen auf zwei gegensätzliche Prinzipien, zwei Widersprüche zu stützen: die Lenkung der Ballons und die Luftfahrt.

NADAR: Ich könnte Ihnen gegenüber, Monsieur Chevreul, gar nicht zum Ausdruck bringen, von welchem Wert für mich hier Ihre Worte sind. Erlauben Sie mir, noch einmal auf eine Sache zurückzukommen, die mir so sehr am Herzen liegt, und sie abschließend noch einmal unter einem ganz anderen Gesichtspunkt aufzugreifen.

Im Grunde, Monsieur Chevreul, hat man uns erklärt, hat man uns und dem Universum – zu dem auch unsere braven Nachbarn gehören – bekräftigt und abermals bekräftigt, das Problem sei endgültig gelöst und die Sache ein für allemal erledigt. Die Bestätigung angesehener Ehrenmänner war diesmal so präzise, so entschieden und darüber hinaus offiziell garantiert, daß es schon ein Affront gewesen wäre, sie auch nur in Zweifel zu ziehen. Nun aber ist es gewiß, nicht wahr, daß die Luftfahrt [*Navigation aérienne*], deren Verwirklichung sämtliche Bedingungen unseres Daseins bis ins kleinste umwälzen und zu ihrer Verbesserung beitragen wird, den Traum aller Zeiten erfüllen, das höchste Gebet der Menschen erhören, die Grenzen niederreißen, Kriege unmöglich machen wird usw. Nicht weniger evident ist, daß, wenn diese ungeheure Wohltat erreicht ist, all die Bronze sämtlicher Standbilder all unserer Generäle nicht ausreichen wird, die Statue zu errichten, nicht wahr, die wir unserem Wohltäter, diesem Auserwählten schulden?

Nun gut, Monsieur Chevreul, wollen Sie für einen Augenblick annehmen, daß Sie es wären, daß ich es wäre, die diesen übermenschlichen Ruhm verdient hätten: würden wir Monat für Monat, Jahr für Jahr bescheiden jeden Morgen auf die vollkommene Abwesenheit des geringsten Luftzugs warten, um ein zweites kleines Mal den Sieg über den abwesenden Feind zu erringen? Wären wir nicht, Sie oder ich, jeden Tag, jede Nacht in der Luft, von morgens bis abends und von abends bis morgens, um unseren Ruhm zu verkünden, – jedesmal lange im voraus unsere Abfahrten und unsere Ankünfte bekanntzugeben, – strikt unsere Routen festzusetzen, – und auf der Erde nur zu landen, um ungeduldig wieder in die Lüfte aufzusteigen und dabei dem staunenden Universum, das uns Dank schuldet, zuzurufen: »Mein Standbild! Mein Standbild!«

CHEVREUL: Alles in allem fordere ich wie stets den Beweis, und ich bekomme ihn nicht.

Sie jedenfalls beanspruchen nicht, jetzt und auf der Stelle, daß Sie uns nach unserem Willen in der Luft spazierenfahren können.

Sie präsentieren einfach ein System oder vielmehr ein Desiderat, zu dessen Unterstützung Sie uns eine Menge von Beobachtungen vorlegen, von denen mehrere schlüssig erscheinen und einige unangreifbar sind. Es liegt nur an Ihnen, die Beglaubigung zu liefern.

Sie werden verstehen, daß ich weiter nicht gehen könnte.

Das Ziel meiner Arbeiten war es, die Wahrheit mit Hilfe von Beobachtung und Experiment zu entdecken; aber da ich die Schwäche meines Geistes empfand, suchte ich nach einer Stütze und einem Führer. Vielleicht war das eine Illusion. Ich glaube sie in der *experimentellen Methode a posteriori*, wie ich sie definiert habe, gefunden zu haben. Diese Methode hat mir seit 1812 bei meinen Untersuchungen über die Ursache der Bewegung des sogenannten *explorativen* Pendels geholfen, dieselbe Ursache, die auch der Bewegung der *Wünschelrute* und dem *Tischrücken* zugrunde liegt. Sie hat mich weiterhin bei meinen Arbeiten über das Fett und über das Sehen unterstützt, und unter ihrem Einfluß habe ich auch die *Geschichte der chemischen Erkenntnisse* konzipiert und alle meine Schriften verfaßt. Sie werden verstehen, daß ich ihr zuviel verdanke, als daß ich mich von ihr entfernen würde, indem ich etwa *a priori* über die an und für sich sehr interessanten Ideen, die Sie mir dargelegt haben, eine Entscheidung träfe.

Was diejenigen anbetrifft, die den Schlüssel zur Verwirklichung der Luftnavigation mit Ballons zu besitzen behaupten, so fordert mich diese Methode, der ich treu bleibe, auf, von ihnen den *Beweis* zu fordern, wie ich ihn stets fordere, das heißt die unstreitig vollendete, unstreitig wiederholbare und nach Belieben wiederholbare Tatsache. Von diesem Beweis könnte ich nicht annehmen, daß er mir wirklich geliefert worden wäre. Aber da sie uns versichern, sie könnten ihre Ballons nach ihrem Willen lenken, mögen sie mich doch, hier an meinem Fenster, an allen Sitzungstagen des *Institut* abholen und wieder zurückbringen. Das würde es mir ersparen, die beiden Etagen meiner Treppe hinab- und hinaufzusteigen.

Ende des dritten Gesprächs

Viertes Gespräch

Das Gesetz der Farben

CHEVREUL: Mir liegt unbedingt daran, daß Sie heute die Frage der Untersuchung des Sehens und in Verbindung damit das Gesetz *des simultanen Kontrasts der Farben* zur Sprache bringen, vor dem Sie mir ein wenig bange zu sein schienen und dessen Bedeutung Sie offenbar unterschätzen. Wenn Sie ihm einen Moment Ihrer Aufmerksamkeit schenken, werden Sie den Schlüssel dafür in der Hand haben und beurteilen können, worin die Klarheit dieses Gesetzes wie auch seine Wahrheit und seine Notwendigkeit bestehen.

NADAR: Ich gestehe Ihnen, Monsieur Chevreul, daß ich in der Tat vor Ihrem Gesetz der Farben die Furcht hege, die Sie vermutet haben. Mein Hirn befindet sich in einer solchen Situation der Unterlegenheit und auch der geistigen Trägheit, daß alle Dinge, die ich nicht selbst vorausgesehen oder auf Anhieb erfaßt habe, mir gleichsam unzugänglich werden. So habe ich mich seit Kindestagen ziemlich rasch mit der Literatur und auch bestimmten Naturwissenschaften vertraut gemacht; doch ich konnte niemals meine angeborene Unempfänglichkeit für die Mathematik und, um das Geständnis komplett zu machen, für die Arithmetik überwinden. Vielleicht werde ich sterben, ohne daß ich je eine »Division« ausführen konnte ... Ein wenig getröstet hat mich, wie ich hinzufügen muß, daß ich auf das Geständnis dieses selben angeborenen und unauslöschlichen Mangels bei einem meiner Freunde gestoßen bin, einem allgemein hochangesehenen Mann, Labiche, Ihrem Akademie-Kollegen in der philologischen Sektion, der dennoch mit aller Fachkenntnis wichtige Bereiche einer komplizierten Verwaltung leitet. Labiche fand die Mittel, dort zu regieren, ohne mehr »dividieren« zu können als ich. Er gestand es mir, und ich habe das Geheimnis bisher bewahrt; ich gebe es nur preis, um ein wenig meine Scham darüber zu mindern, indem sie mit ihm teile.

CHEVREUL: Da man hier keine Zahlen braucht, ehe man in die Materie eintritt, will ich mich Ihnen gegenüber nur über einen vorbereitenden Punkt äußern, den zu präzisieren hier nützlich ist, auch wenn die Untersuchung der Farben nicht komplizierter ist als jede andere.

Sie werden vielleicht bemerkt haben, daß ich mich an bestimmte Termini sowie an bestimmte Ideen halte, daß ich oft mit denselben Termini auf dieselben Ideen zurückkomme.

Es geschieht nicht ohne Absicht, daß ich in meinen Werken wie in meinen Gesprächen die Gewohnheit solcher Wiederholungen angenommen habe, die sich gewiß der Kritik anböten, wenn es mir um ein literarisches Werk ginge. Doch das Ziel, dem ich mich verschrieben und von dem ich mich niemals abgewandt habe, ist die wissenschaftliche Wahrheit.

Mir ist auch nie der Gedanke gekommen, der Öffentlichkeit spekulative Ideen gleich welcher Art vorzulegen. Ich habe niemals daran gedacht, daß die experimentelle Methode a posteriori dazu führte, Entdeckungen zu machen, die das Siegel der Originalität tragen. Ich war entschlossen, von dieser Methode nicht abzurücken, weil ich meinte, daß es ihr wesentlicher Charakter sei, in den Wissenschaften die Wahrheit vom Irrtum zu scheiden, und daß sie, so betrachtet, im Zuge der Berichtigung der Irrtümer von sich aus zu Forschungen führen könne, die, wenn nicht originell, so doch dauerhaft und nützlich wären. Je weiter ich vor allem beim Schreiben des *Résumé de l'Histore de la Matière* vorankam, zeigte mir die *experimentelle Methode a posteriori* bei der Prüfung der Tatsachen, einzeln und als Ganzes genommen, daß ich auf dem einzigen Weg zur Wahrheit war.

Von daher mußte ich mich um die Genauigkeit der Termini bemühen, die ich benutzte, um die Eigenschaften der Körper zum Ausdruck zu bringen, denn die Ungenauigkeit der Benennungen ist die Ursache zahlloser Mißverständnisse und größter Zeitverschwendung. Doch auch wenn ich hier zu meinem ureigenen Gebrauch eine Sprache für die Anwendung meiner Ideen schaffen mußte, da ich nun einmal dahin gelangt war, mich mit der Sprachwissenschaft zu beschäftigen, würde ich es unendlich bedauern, wenn man mir den vermessenen Anspruch unterstellen könnte, das so bedeutende Werk eines Vangelas und eines Lhomond verbessern zu wollen, und ich habe stets den gleichen Respekt vor der Grammatik bewahrt. »Der Codex der

Grammatik besitzt Gesetzeskraft / Und nicht einmal der König verletzt ihn ungestraft«.[33]

NADAR: Finden Sie nicht, Monsieur Chevreul, daß es eine ganz ausgefallene Idee ist, das in Verse zu fassen! Und in was für Verse!

CHEVREUL: Lenken Sie nicht von der Frage ab, indem Sie sich unterwegs amüsieren. Sie hatten sich die Frage gestellt, wie die reine Mathematik zu den anspruchsvollsten Resultaten gelangt, zu denen die menschliche Vernunft imstande ist? Sie vermag es, indem sie mit Zeichen aus drei Ordnungen operiert: Ziffern, Buchstaben und Zeichen oder Indizes, die nur in der Mathematik verwendet werden. Warum die Verwendung dieser drei Arten von Zeichen durch die Gelehrten, die mit ihrer Verwendung vertraut sind? – Weil ihre Bedeutung vollständig definiert ist.

Bei der Verfolgung aller wissenschaftlichen Projekte schien es mir stets von höchster Wichtigkeit zu sein, daß vorgängig über die Bedeutung der Wörter absolute Einigkeit herrscht, und die Wichtigkeit dieser Einigkeit war für mich um so beeindruckender, als ich im Laufe meines Lebens sehen konnte, daß Uneinigkeit, Zwietracht und Krieg, diese ewigen Geißeln unserer Menschheit, nur zu oft an dem unterschiedlichen Sinn hängen, der von beiden Seiten den Wörtern zugesprochen wird.

Was die Wiederholungen betrifft, so finden sie ihre Erklärung in der Notwendigkeit, sich zu vergewissern, daß man einerseits nichts von dem übersehen hat, was gesichertes Wissen ist, und daß man andererseits das Verfahren der gewählten Methode von Grund auf befolgt hat, kein einziges Mal davon abgewichen ist, auch nicht in einem scheinbar unbedeutenden Detail, und darin nicht nachgelassen hat. Darin liegt die ganze Pädagogik.

Wenn wir uns an das Bild der Menschheit erinnern, das Pascal in einem einzelnen Menschen verkörpert, der unaufhörlich fortschreitet und jeden Tag mehr erlernt, so müssen wir uns dieser Kontinuität überlassen, müssen wir uns vor Augen führen, daß die Menschheit auch schon vor uns Fortschritte gemacht hat, Fortschritte, die wir bewahren müssen, indem wir sie uns ständig ins Gedächtnis rufen. Und wir würden die Richtigkeit dieses Pascalschen Bildes verkennen, wenn wir in uns den *Geist der Bewahrung* [esprit conservatif] unterdrückten, der ebenso nützlich ist wie der *Geist des Fortschritts* [esprit progressif]. In der Tat, würde der unaufhörlich voranschreitende Mensch, der jeden Tag Neues erlernt, nicht zurückfallen, wenn er etwas vergäße, wenn er etwas verlöre von dem, was er voranschreitend erworben hat?

Nachdem all dies gesagt ist, will ich versuchen, Ihnen mit einer schlichten Anekdote anzudeuten, worin der Kontrast der Farben besteht und warum wir uns seiner bewußt sein müssen. Ich bin auf diese Anekdote in den *Memoiren des Herzogs von Saint-Simon* gestoßen. Als er 1721 unter der Regentschaft als Botschafter nach Spanien entsandt wurde, um über die Heirat der Tochter des Regenten mit dem Prinzen von Asturien und über die Heirat Ludwigs XV. mit der Infantin zu verhandeln, berichtet er von dem ersten Eindruck, den er von dem Herzog von Albuquerque gewann. Doch hier der Text:

»Beim ersten Mal, als ich ihn sah, stand er in einer Tür der Gemächer der Königin bei meiner zeremoniellen Audienz. Ich sah direkt vor mir einen kleinen, gedrungenen Mann von schlechter Figur in einem groben, *ochsenblutroten* Rock, die Knöpfe aus dem gleichen Wollstoff, mit *grünen* und fettigen Haaren, die ihm auf die Schultern fielen, großen Plattfüßen und den grauen Strümpfen eines Sesselträgers. Ich sah ihn nur von hinten und zweifelte nicht für einen Augenblick daran, daß dies der Lakai für den Kamin der Gemächer war; er wandte den Kopf und zeigte mir ein grobes rotes Gesicht mit Pickeln, dicken Lippen und einer stumpfen Nase; doch sein Haar geriet bei dieser Bewegung in Unordnung und ließ mich das Halsband des Goldenen Vlieses gewahren. Dieser Anblick überraschte mich so sehr, daß ich sehr laut ausrief: ›Oh! mein Gott! Was ist das?‹ Der Herzog von Livia, der hinter mir stand, legte mir augenblicklich die Hände auf die Schultern und sagte zu mir: ›Schweigen Sie, das ist mein Onkel.‹«[34]

Diese Passage bezeugt die gewohnt minutiöse Beobachtung des Herzogs von Saint-Simon, und man könnte ihm nicht vorwerfen, auch nur ein einziges Detail dieser Begegnung ausgelassen zu haben. Als Beobachter hat er gesagt, was er sah; aber da er die Farbe nur unter *absolutem* Gesichtspunkt erkennen konnte, täuschte er sich, insofern er den Schein für die Wirklichkeit nahm. Die Haare des Herzogs von Albuquerque, die ihm grün schienen, waren in Wirklichkeit nicht grün. Hätte der Herzog von Saint-Simon mit der gleichen Einstellung, mit der er den Hofstaat und die Regierung Ludwigs XIV. einer reflektierten und gründlichen

Beobachtung unterzog, die Ursache der Eindrücke, die wir von den äußeren Objekten haben, experimentell erforscht, so hätte er sich gesagt: »Grüne Haare sind selten, gewiß. Würden diejenigen, die mir grün erscheinen, auch dann grün erscheinen, wenn ich sie auf orangem, gelbem, grünem, blauen oder violettem Wollstoff sähe?« Hätte er flachsblondes oder blaßrotes Haar auf Stoffen dieser Farben drapiert, so hätte er aus diesem einfachen vergleichenden Experiment erkannt, daß graumeliertes oder in Gelbliche übergehendes Haar ihm nur deshalb *grün* erscheinen mußte, *weil* es, zerzaust auf ochsenblut*rotem* Stoff liegend, sich neben einem *rötlich* glühenden Gesicht befand. Dies wäre das Beispiel einer wahrgenommenen, perfekt beobachteten Tatsache, die mangels der stets unerläßlichen Unterscheidung zwischen der *absolut* gesehenen Farbe und dem *relativen* Farbeindruck zu einem irrigen Urteil führt.

Ich erkenne andererseits an, daß mein Tadel an den Herzog von Saint-Simon, die Beobachtung der *Relation* der Farben vernachlässigt zu haben, wie ich finde, ganz ausnahmsweise ihm gegenüber nicht begründet ist. Er glaubte, daß *das Haupthaar von Natur aus grün sein könnte*, und wir finden den Beweis dafür in einer anderen Passage seiner *Memoiren*:

»Montbron behielt sein Leben lang sein *grünes Haar* und trug eine weite Kniebundhose, die sehr schlecht zu seinem blauen Band [des Ordens vom Heiligen Geist] darüber paßte. Jahr für Jahr besuchte er den König und wurde dabei stets gut und vornehm behandelt. Er versuchte sich als Arzt und Chemiker und verabreichte ein Heilmittel *à la mode*, das die meisten derer, die es verwendeten, tötete, alle durch Krebs. Einer packte ihn selbst, woran er ebenfalls starb.«[35]

Ich gestehe zu meiner Schande, die ich mir nicht verzeihe, daß ich niemals irgendeinem grünen oder gelben Haarschopf, Schnurrbart oder Bart begegnet bin, ehe ich die *Memoiren des Herzogs von Saint-Simon* gelesen hatte, auch wenn ich von meinem ausgezeichneten Lehrer Vauquelin gehört habe, daß es in dem kleinen Dorf Villedieu, in der Diözese Konstanz, eine große Zahl von Kupferschmieden gab, deren Haar wegen des Kupferstaubs, in dem sie lebten, unter dem Einfluß der Luft und des Haarfetts oxidierte und grün wurde. Doch weder der Herzog von Albuquerque noch Monsieur de Montbron betätigten sich als Kupferschmiede. Wenn nun der Herzog von Saint-Simon zweimal meinte, daß die Haare zweier Personen grün seien, so sah er sie wirklich grün, auch wenn sie es nicht waren, und wir stoßen hier auf einen Sonderfall von Daltonismus, den wir nur der umsichtigen Behandlung des Dr Fabre anempfehlen können.

NADAR: Oh ihr von der Gelbsucht befallenen Leute, sagt Voltaire irgendwo, immer werdet ihr alles gelb sehen!

CHEVREUL: Was ich Ihnen gerade im Anschluß an Saint-Simon berichtet habe, ist nur ein Kuriosum. Um tiefer in die Frage einzudringen und vor allem um Sie die erstrangige Bedeutung der Kenntnis des Gesetzes der Farben ermessen zu lassen, wollen Sie bitte folgendes erwägen: Wenn Sie bedenken, daß die Entdeckung der Dampfkraft der Allgemeinheit bedeutende Kräfte zugänglich gemacht hat, als Antrieb der Schiffe auf der Weite der Ozeane, als Antrieb des Waggons auf unseren endlosen Schienenwegen und als wichtigstes Agens in den Fabriken unserer Industrie, dann werden Sie erkennen, daß diese Kraft blind ist. Daher kann sie, wenn sie nicht mehr dem Denken des Menschen gehorcht, zur Ursache wirklicher Katastrophen werden. Diese große Entdeckung darf also nicht eingesetzt werden, ohne auf alle Maßnahmen zurückzugreifen, die diese Gefahr zu beseitigen geeignet sind: also sämtliche Signale zu Lande oder auf dem Meer, Flaggen, Feuer, Scheiben, Leuchttürme usw.

Daraus ergeben sich nun zwei einander ergänzende, unvermeidliche Folgen: 1. ein Gesetz, das solche Signale vorschreibt und obligatorisch macht; 2. eine vorgängige Untersuchung aller Individuen, die aktiv oder passiv für die Bedienung oder Ablesung solcher Signale vorgesehen sind. Sollte man glauben, daß bis 1881 nur ein einziges Land dieses Gesetz erlassen hat?

Wenn jemand mit Sympathie das Beispiel verfolgt hat, das Schweden den Gesetzgebern aller zivilisierten Völker gab, jenes kleine, doch nur zahlenmäßig kleine Land, das wenige Millionen Einwohner umfaßt und trotzdem der gelehrten Welt Männer wie Bergmann, Scheele, Linné oder Berzelius geschenkt hat, so ist es derjenige, der hier mit Ihnen spricht! Er weiß seit langem, daß jeder Schwede lesen und schreiben gelernt hat und daß der Landmann dort für würdig erkannt wurde, seine besonderen Interessen offiziell zu vertreten.

Ich muß sagen, daß noch vor diesem Beispiel, das von der schwedischen Regierung gegeben wurde, die private Administration einer unserer französischen Eisenbahnen es bedenklich gefunden hatte, die Deutung der Signale Männern anzuvertrauen, von deren Sehkraft nichts bekannt war, und einen hervorragenden Arzt, Dr Favre, mit der Aufgabe betraute, das Personal zu untersuchen und die Anwärter zuzulassen oder abzulehnen.

Ist Ihnen bekannt, daß er unter zehntausend untersuchten Personen zehn Prozent fand, die die Farben nicht genau wahrnahmen? Sehen Sie die schrecklichen Konsequenzen, die sich aus einem Zufall ergeben könnten, der uns gerade auf diese zehn von hundert Bediensteten stoßen ließe, die von Daltonismus [Rot-Grün-Blindheit] befallen sind? Das gilt für die Eisenbahnen, und ich habe Grund zu der Annahme, daß es heute keinen Bahnbediensteten gibt, der nicht zuvor eine so notwendige Untersuchung absolviert hat. Ich sage mir, daß es sich bei unserer Marine für alle wachhabenden Matrosen ebenso verhält. Und trotzdem höre ich noch oft genug von Schiffskollisionen! Ich sage: »Ich höre oft genug«, weil ich, wie ich Ihnen gestanden habe, seit 1871 keine einzige Zeitung mehr aufschlagen wollte ... Diese Arbeit hat es Dr Favre ermöglicht, eine Masse von merkwürdigen Tatsachen zu sammeln und sehr interessante Überlegungen über die Notwendigkeit der Erkenntnis der Farbkontraste anzustellen.

Wie viele Mißhelligkeiten aller Art und unter allen Umständen entstehen durch die Unkenntnis oder die Mißachtung dieses Gesetzes! Zum Beispiel der Streit, der sich in einer Ehe erhebt, weil einer der Gatten die Farben richtig sieht und der andere falsch; eine solche Ehe kann an der Wahl einer unpassenden Toilette zerbrechen. Und im juristischen Bereich, wo es immer um schwerwiegende Fragen geht, kann das unterschiedliche Sehvermögen zweier Zeugen einen Verbrecher davonkommen lassen und einen Unschuldigen ins Verderben stürzen.

Bei Malern ist die Kenntnis des Gesetzes vom simultanen Kontrast der Farben von erstrangiger Bedeutung.

Wie geht der Maler vor, der ein Bild malen will? Als erste beschafft er sich seine Farben, dann nimmt er seine Palette, und Sie werden bemerkt haben, daß er sie alle graduell von der dunkelsten bis zur hellsten anordnet; er hat bereits in dieser Spanne das Prinzip einer Harmonie, das er beachten muß. Aber sie alle, angeordnet wie eine Stufenleiter, verwendet er niemals als reine, es sei denn, es handelte sich um einen Anfänger, der sein Metier nicht beherrscht. Nie wird eine normale Farbe, eine reine Farbe benutzt, ohne gebrochen zu werden. Der Maler muß also die wechselseitigen Beziehungen aller Farben kennen, die er zu verwenden hat, und diese Kenntnis erweist sich als um so notwendiger angesichts der anerkannten Tatsache, *daß man, um ein farbiges Modell getreulich abzubilden, es anders abbilden muß, als man es sieht!* Das ist ein absolut gültiges Gesetz. Solche, in denen das heilige Feuer lodert, kommen von selbst darauf, aber das sind nicht alle.

NADAR: Haben Sie die Muße gehabt, Monsieur Chevreul, jene

schöne Passage von Baudelaire über die Farbe zu lesen, die ich Ihnen in seinem Buch angestrichen habe?

CHEVREUL: Meine Ideen stehen in Einklang mit denen von M. Baudelaire, aber nur in den großen Zügen. Wenn man ein ganz anderes Leben geführt und ganz andere wissenschaftliche Ideen gehabt hat, kann man sich allenfalls über allgemeine Prinzipien einigen.

NADAR: Es wäre mit nicht möglich, hier nicht zu unterbrechen, um unseren Lesern das Vergnügen zu bereiten, diese Passage Baudelaires noch einmal zu lesen, in der die visionäre Klarheit des Denkers und des Dichters sich mit der Synthese der

Forschungen, die einen großen Teil im Leben dieses illustren Gelehrten eingenommen haben, zu ein und derselben allgemeinen Konklusion zusammenfügt. Mir scheint, daß noch nie eine wissenschaftliche These in eine so ausdrucksvolle Sprache gebracht worden ist.

[Charles Baudelaire] Über die Farbe[36]

»Denken wir uns eine schöne Stelle in der Natur, wo alles in voller Freiheit grünt, sich rötet, stäubt und schillert, wo alle Dinge in ihrer unterschiedlichen Färbung, je nach Zusammensetzung der Moleküle, von Sekunde zu Sekunde, wie Licht und Schatten wandern, sich verändern und durch das Arbeiten der inneren Wärme in fortwährender Vibration befinden, die die Linien zittern macht und das Gesetz der ewigen, allgemeinen Bewegung vervollständigt. – Etwas Unermeßliches, mitunter blau und oft grün, erstreckt sich bis an den Himmelsrand: das ist das Meer. Die Bäume sind grün, die Wiesen grün, das Moos grün; das Grün schlängelt sich in den Baumstämmen, die noch nicht reifen Halme sind grün; das Grün ist der Grundton der Natur, weil das Grün sich leicht mit allen anderen Farben vermählt.[37] Was mir zunächst auffällt, ist, daß überall das Rot den Ruhm des Grünen singt – Klatschrosen im Gras, Mohnblumen, Papageien, usw.; das Schwarz, – soweit es vorhanden ist, – diese einsame, nichtssagende Null, kommt dem Blauen und Roten zu Hilfe. Das Blau, der Himmel also, ist von leichten weißen Flocken oder grauen Massen unterbrochen, die auf glückliche Weise seine grelle Eintönigkeit lockern; und, wie der Dunst der Jahreszeit – winters oder sommers – die Konturen umspielt, mildert oder verzehrt, gleicht die Natur einem Kreisel, den man in eine so rasche Bewegung setzt, daß er uns grau erscheint, obwohl er alle Farben in sich einschließt.

Die Säfte steigen und, als eine Mischung von Grundelementen, entfalten sie sich in *Mischtönen*; Bäume, Felsen, Granit spiegeln sich in den Gewässern und lassen dort ihren Widerschein; alle durchscheinenden Gegenstände fangen von nah und fern Licht und Farbe ein. Wie das Gestirn des Tages vorrückt, ändern die Farben ihre Valeurs, bewahren jedoch immer ihre natürlichen Zu- und Abneigungen und hören nicht auf, durch wechselseitige Zugeständnisse in Harmonie miteinander zu leben. Langsam wandern die Schatten, verjagen oder löschen die Farben in dem Maße, als das selber weitergewanderte Licht andere erneut zum Klingen bringen will. Die Farben senden sich gegenseitig ihre Reflexe zu, und indem sie ihr Aussehen durch eine *Lasur* transparenter und entlehnter Eigenschaften verändern, vervielfältigen sie ihre melodiösen Verbindungen ins Unendliche und erleichtern sie. Wenn der große Feuerball in die Fluten hinabsinkt, ertönen von allen Seiten rote Fanfaren; eine blutfarbene Harmonie bricht am Horizont hervor, und das Grün färbt sich in reichem Purpur. Alsbald aber treiben große blaue Schatten in rhythmischer Kadenz die Menge der orangenen und zartrosa Töne vor sich her, die gleichsam ein fernes, abgeschwächtes Echo des Lichtes sind. Diese große Symphonie des Tages, die ewige Variation der Symphonie von gestern, diese Folge von Melodien, bei der die Verschiedenheit immer aus dem Unendlichen hervorgeht, dieser vielstimmige Hymnus ist die Farbe.

Man findet in der Farbe die Harmonie, die Melodie und den Kontrapunkt.«

Und es folgen Zeilen, die mir auf bemerkenswerte Weise die verblüffende Übereinstimmung mit den Prinzipien und der Theorie, die

Monsieur Chevreul uns darlegen wird, bis in manche Einzelheiten ergänzen und vollenden.

»Will man ein Detail innerhalb eines Details an einem Gegenstand mittlerer Größe betrachten, – zum Beispiel eine etwas sanguinische, etwas magere Hand von sehr zarter Haut, so gewahrt man eine vollkommene Harmonie zwischen dem Grün der starken Adern, die sie durchziehen, und den blutfarbenen Tönen, die die Gelenke bezeichnen; die rosa Fingernägel heben sich von der Fingerspitze ab, die einige Grau- und Brauntöne besitzt. In der Handfläche sind die starken rosigen und weinfarbenen Lebenslinien durch das System der sie durchquerenden grünen oder blauen Adern getrennt. Das Studium des gleichen Gegenstandes mit einer Lupe liefert auf jeder noch so kleinen Fläche eine vollkommene Harmonie von grauen, blauen, braunen, grünen, orangenen und weißen, durch ein wenig Gelb erwärmten Tönen; – eine Harmonie, die, mit den Schatten kombiniert, die Modellierung der Koloristen erzeugt; diese ist wesentlich von der Modellierung der Zeichner verschieden, deren Schwierigkeiten sich beinahe auf das Kopieren von Gipsfiguren beschränken.

Die Farbe ist also der Zusammenklang zweier Töne. Der warme Ton und der kalte Ton, in deren Gegenüberstellung die ganze Theorie der Farbe besteht, können nicht absolut definiert werden: sie bestehen nur in ihrem Verhältnis zueinander. [...]

Das erklärt, wie [...] das Studium der Natur oft zu einem von der Natur ganz verschiedenen Ergebnis führt.

Die Luft spielt in der Theorie der Farbe eine so große Rolle, daß ein Landschaftsmaler, der die Blätter so malte, wie er sie sieht, einen falschen Ton erzielte, da der Luftraum zwischen dem Betrachter und dem Bild sehr viel geringer ist als zwischen dem Betrachter und der Natur.

Lügen sind stets notwendig, selbst um zum *trompe-l'œil* zu gelangen.«

CHEVREUL: Aber Sie, der Sie notwendigerweise viele Maler gekannt haben, wie oft haben Sie von ihnen gehört, daß nichts schwieriger und daher nichts interessanter sei als der Farbwert eines Hintergrunds. Und wer kann Ihnen den Grund für die Schwierigkeit einer solchen Harmonie nennen, wenn nicht die Kenntnis der Beziehungen der Farben?

Horace Vernet, der mich oft in den *Gobelins* besuchte ...[38]

NADAR *(ganz leise)*: Als Kolorist wird er davon kaum profitiert haben ...

CHEVREUL: ... da er nicht, wie Monsieur Hersent, dieses Laboratorium verachtete, Vernet erzählte mir, wieviel Mühe ihm der Hintergrund seines *Portrait du frère Philippe* bereitet hatte und wie viele Male er ihn immer wieder übermalt hatte. Eine vollständige Kenntnis des Gesetzes der Farben hätte ihm, wie ich sagen zu können glaube, Zeit und Mühen erspart.

NADAR: Mir scheint, Monsieur Chevreul, daß Sie die Erinnerung an M. Hersent im Herzen bewahrt haben.

CHEVREUL. Ich kannte M. Hersent als Mitglied der *Akademie der Schönen Künste* und als herausragenden Maler. – Ich begegnete ihm einmal im Hof des *Institut*. Das war 1840, am Ende der gemeinsamen Sitzung aller Akademien, in der Arago die Entdeckung Daguerres vorgestellt hatte – ohne Nicéphore Niépce namentlich zu erwähnen, den eigentlichen Schöpfer der *Heliographie, von der die Daguerreotypie nur ein spezielles Verfahren ist.* – Man kann dies gar nicht oft genug wiederholen, um, so gut es geht, das bittere Unrecht wiedergutzumachen, das ihm angetan wurde.

Bei dem Gespräch kam ich in die Situation, Monsieur Hersent sagen zu müssen, daß das Gelb neben dem Blau orange wird und daß das Blau neben dem Gelb ins Violette übergeht. M. Hersent, den unsere Abhandlung angeregt hatte, antwortete mir: »Wenn ein anderer als Monsieur Chevreul das zu mir gesagt hätte, würde ich sagen, es sei erlogen. Aber da Monsieur Chevreul es zu mir sagt, antworte ich ihm: Ich will es sehen, um es zu glauben!« Es war bei dieser Gelegenheit nicht möglich, weiter darüber zu reden. Bald darauf lud ich M. Hersent aus ganzem Herzen ein, mich in meinem Laboratorium in den *Gobelins* zu besuchen, wo ich ihm den Beweis liefern würde. Er ist zwanzig Jahre später gestorben – ohne daß er mich je in den *Gobelins* besucht hätte, wozu ich ihn eingeladen hatte ... So wenig neugierig war er, dieses so interessante Gesetz vom simultanen Kontrast der Farben kennenzulernen! Und muß man sich nun sagen, daß ein verdienstvoller Maler, ein herausragender Mann, der zur Elite der Künstler zählt und dessen Person und dessen Lehre seinen Schülern folglich ein Vorbild sein mußte, aus Gleichgültigkeit, Nachlässigkeit oder ich weiß nicht aus welchem unerklärlichen Gefühl sich der Erkenntnis der Wahrheit, als ihm diese geboten wurde, sich verweigern, sich entziehen mochte?

Aber da wir von Vernet sprechen, muß ich Ihnen erzählen, daß er bei einem seiner Besuche in Begleitung seiner Frau und seiner Tochter kam, die er mir angekündigt hatte.

Da ich diesen Damen verschiedene Experimente über den Kontrast der Farben vorführen wollte, hatte ich auf einem großen Tisch Schneiderpuppen jeweils mit dem Kopf eines Negers, Chinesen, Arabers, Rothäutigen usw. aufgebaut und sie alle in unterschiedlichen Farbtönen gekleidet, um zu zeigen, welches die für ihren Teint günstigen Farben waren.

Als der Besuch zu Ende war, sagt Mme. Vernet zu mir: »Ach, Monsieur Chevreul, wie sehr wäre ich Ihnen für diese Demonstration verbunden gewesen, als ich jünger war!«

Aber ich will mich nicht bei dieser Anekdote aufhalten, die nur ein Detail ist, um Ihnen die Gründe deutlich zu machen, die mich zu gerade diesen Arbeiten bewogen haben, die einen großen Teil meines Lebens eingenommen haben. Und nehmen Sie sich vor, nicht mehr vor einer Wahrheit zurückzuweichen, weil der erste Zugang zu dieser Wahrheit, der Sie sich bisher noch nicht genähert hatten, Sie von ihrer Erkenntnis abhalten könnte. Dieses Gesetz des simultanen Kontrasts der Farben, das Ihnen so schwierig erscheint, Sie werden es, wenn Sie ihm für einen Augenblick Aufmerksamkeit schenken, für eines der einfachsten und am leichtesten zugänglichen halten.

Sie sehen, seit Sie die Augen für die Wahrnehmung der Erscheinungen aufgeschlagen haben, daß eine beliebige, mit einer beliebigen Farbe eingefärbte Fläche, wenn man sie als Ganzes betrachtet, sich Ihnen in der Mitte in ihrer *absoluten* farblichen Einheit darbietet. Wenn Sie jedoch neben diese – nehmen wir an: rote – Fläche eine andere Fläche einer anderen Farbe legen, die Sie, für sich betrachtet, grün gesehen haben und die grün ist, wird Ihnen die rote Farbe, die Ihnen eben noch von klarem Rot erschien, immer noch von demselben Rot erscheinen und die grüne Fläche von demselben Grün?

NADAR: Gewiß.

CHEVREUL: Weil Sie in diesem bedeutenden Fall die beiden Farben auf *relative* Weise sehen.

Hier also die erste Tatsache, das Prinzip des simultanen Kontrasts zweier nebeneinandergelegter Farben, und die Beachtung dieses Kontrastgesetzes ist die Grundlage aller Künste, in denen Farben zur Anwendung kommen. Sie sehen, daß es bisher, wie ich es Ihnen angekündigt habe, nichts Abstraktes gibt, nichts, was nicht leicht verstanden und zugestanden werden könnte.

Die ersten Beobachtungen, die sich ergeben, wenn man diese Untersuchung beginnt, liefern Ihnen völlig unerwartete und überraschende Resultate, obwohl sie die reguläre, normale Folgerung physikalischer Gesetze sind.

Um ein Beispiel zu nehmen:

Vor einem *roten* Hintergrund erscheint das Grau *grünlich*
Vor einem *orangen* Hintergrund erscheint das Grau *blau*
Vor einem *gelben* Hintergrund erscheint das Grau *violett*
Vor einem *grünen* Hintergrund erscheint das Grau *rot*
Vor einem *blauen* Hintergrund erscheint das Grau *orange*
Vor einem *violetten* Hintergrund erscheint das Grau *gelblich*.

Diese Behauptungen haben nichts Willkürliches, und nichts dürfte Ihnen leichter fallen, als sie zu verifizieren. Sie können sie selbst bestätigen, wenn Sie über ein normales Sehvermögen verfügen.

Aufgrund der Variationen, denen ein und dieselbe Farbe für Ihr Auge unterliegt (die selbst wieder nur eine Varietät dieser Farbe ist), wenn sie neben sechs andere gelegt wird (die selbst wieder nur Varietäten sind, weil alle Rots nicht dasselbe Rot sind und alle Grüns nicht dasselbe Grün), können Sie schon jetzt ahnen, daß die Harmonie, die sich aus dem Farbsehen ergibt, den Anstoß zu einer ziemlich ausführlichen experimentellen Untersuchung geben sollte, um zunächst die Natur jeder der Farben absolut und sie dann in ihren wechselseitigen Beziehungen, den harmonischen wie den disharmonischen, zueinander bestimmen zu können.

Ich habe Ihnen hinreichend deutlich gemacht, welcher Art dieses Gesetz ist und daß es eine Notwendigkeit ersten Ranges wäre, es in vollendeter begrifflicher Präzision zu formulieren, so daß es Sie nicht überraschen wird, daß wir nicht weniger als 14.420 normale und stets mit sich selbst identische Farbtöne spezifiziert, katalogisiert und zu Serien geordnet haben.

Diese Arbeit und die notwendigen Voruntersuchungen dazu haben zahlreiche Jahre meines Lebens beansprucht, doch ich wüßte mich darüber nicht zu beklagen, weil man sich bisher über diese Fragen keine Gedanken gemacht hatte, während sie doch mehr als notwendig, ja unerläßlich für alle Berufe waren, die mit Farben und Färbemitteln zu tun haben.

Wenn es dieser Arbeit, deren Tragweite ich Ihnen nur andeuten konnte, gelungen sein sollte, Ihr Interesse zu wecken – hier ist M. Arnaud, mein Laborant seit vierzehn Jahren und naturkundlicher Assistent an unserem Museum, den ich Ihnen vorgestellt habe und dem es, da bin ich sicher, ein aufrichtiges Vergnügen sein würde, Ihre Bildung durch den simultanen Kontrast der Farben zu vervollständigen.

ARNAUD: Ganz zu Ihren Diensten, M. Nadar. Doch Monsieur Chevreul, dem ich schon seit einer Weile zugehört habe, hat Ihnen noch nicht genug darüber gesagt, was seine Anstrengung, die Klarheit seines Geistes und seine hartnäckige Arbeit in mehr als dreißig

Jahren bewirkt haben. Tatsächlich hat Monsieur Chevreul eine Universalsprache der Farben geschaffen, die um vieles präziser ist als alle Volapüks, die man sich bisher ausgedacht hat. Diese Universalsprache, dieses für alle offene und von allen lesbare Wörterbuch [*Text bricht ab; im Ms. ca. ein Blatt unbeschrieben*]

Was den Abriß der Theorie von Monsieur Chevreul angeht, wäre es mir ein Vergnügen, sie zu resümieren und an diejenigen Ihrer Leser zu richten, die vielleicht wißbegierig genug sind, um auf dem laufenden bleiben zu wollen.

Zusammengefaßte Theorie des Farbengesetzes. Über die Klassifikation der Farben nach Monsieur Chevreul

Alle Künste, die mit Hilfe der Farben zu den Augen sprechen, können ihr Ziel nur dann vollkommen erreichen, wenn sie mit Klarheit die Farben beschreiben, die sie verwenden, indem sie jede von ihnen auf feste, überall reproduzierbare Typen zurückführen; sei es, um Regeln vorzuschreiben, die geeignet sind, genau definierte Wirkungen zu erzielen, oder um auf präzise Weise die Wirkungen der Produkte abschätzen können, welche diese Künste jeweils hervorgebracht haben.

Tatsächlich kann eine rot, gelb, blau, orange, grün oder violett gefärbte Materie, wie sie in der Malerei oder Färberei verwendet wird, nur auf vier verschiedene Weisen modifiziert werden.

1. Durch Weiß, das, indem es diese Materie dunkler werden läßt, ihre spezifische Intensität vermindert.
2. Durch eine bestimmte Farbe, die die spezifische Eigenschaft dieser Materie verändert, ohne sie abzudunkeln.
4. [*sic*] Durch eine bestimmte Farbe, die die spezifische Eigenschaft dieser Materie verändert, indem sie sie abdunkelt; so daß sich, wenn der Effekt maximal gesteigert wird, daraus Schwarz ergibt oder normales Grau, das durch eine Mischung aus Schwarz und Weiß dargestellt wird.

Um diese Modifikationen unzweideutig mit Hilfe einer präzisen Sprache und frei von jeder Unklarheit für diejenigen, die sie verstehen sollen, zu definieren, nannte M. Chevreul

1. Farbtöne die verschiedenen Intensitätsgrade, die eine Farbe aufweisen kann, je nachdem, ob die Materie, die sie darstellt, rein oder einfach mit Weiß oder Schwarz vermischt ist;
2. Farbskala die Gesamtheit der Töne ein und derselben Farbe;
3. Farbnuancen die Modifikationen, die eine Farbe aufweist, wenn ihr eine andere Farbe hinzugefügt wird, die sie verändert, ohne sie abzudunkeln;
4. gedämpfte Skala [*gamme rabattue*] eine Skala, deren helle wie deren dunkle Töne durch Schwarz abgedunkelt wurden.

Um schließlich all diese Definitionen in einer chromatischen Gesamtheit zu verstehen, entwarf M. Chevreul eine kreisförmige, hemisphärische Farbanordnung, die in Form von zehn Farbkreisen aus Wolle in der *Manufacture des Gobelins* praktisch realisiert und später als Chromo-Chalkographie von M. Digeon ausgeführt wurde.

Aufbau der Farbkreise

Man nahm Stränge gefärbter Wolle, die nach ihrer Farbe und der Intensität des Tons mit Hilfe einer Ziffer bezeichnet wurden, die sich auf eine Skala von zwanzig Tönen zwischen Weiß und Schwarz bezog. Das Weiß kann als null und das Schwarz als Ton 21 jeder Skala betrachtet werden.

Man nahm dann einen runden Tisch von 1 Meter Durchmesser und teilte ihn 72 gleiche Sektoren ein, die den 92 reinen Farben der Skalen des chromatisch-hemisphärisch aufgebauten Farbkreises entsprachen. Man wählte drei Proben von Rot, Gelb und Blau, so rein wie möglich und entsprechend den elften oder zehnten Ton einer aus zwanzig Tönen bestehenden Skala; man legte sie in gleichem Abstand auf den runden Tisch und schob dann Orange, Grün und Violett in die Zwischenräume, derart, daß das Orange den Zwischenraum zwischen dem Rot und dem Gelb, das Grün den Zwischenraum zwischen dem Gelb und dem Blau und das Violett den Zwischenraum zwischen dem Blau und dem Rot gleichmäßig teilte. Man legte dann zwischen die sechs bisherigen Farben solche Farben, die gleich weit von ihren jeweiligen Extremen entfernt waren, also Orangerot, Gelborange, Grüngelb, Blaugrün, Violettblau und Rotviolett; schließlich interpolierte man innerhalb eines jeden Zwischenraums der eben genannten zwölf Farben fünf Farben in je gleichen Abständen, vervollständigte so die zweiundsiebzig Skalen einfacher Farben und binärer Farben des chromatisch-hemisphärisch aufgebauten Farbkreises und bezeichnete jede dieser fünf in gleichem Abstand voneinander interpolierten Farben mit den Nummern 1, 2, 3, 4, 5 und dem Namen der vorausgehenden Skala, so daß man gemäß dem weiter oben Gesagten vom Rot zum Gelb und vom Gelb zum Blau überging.

Nachdem einmal die 72 Typen festgelegt waren, ging es darum, sie so zu modifizieren, daß man daraus 72 Skalen zu je 20 erhält, vom Weiß bis zum Schwarz; und dann, als letzte Kontrolle, diese 72 festgesetzten Typen mit den Farben des perfekt definierten Sonnenspektrums zu vergleichen.

Man ging dann zu den durch das Schwarz gedämpften Farbskalen über, und zwar folgendermaßen. Nachdem man mit Wolle ein normales Schwarz hergestellt hatte, das heißt ein von jeder sichtbaren Farbe entblößtes Schwarz, betrachtete man dieses Schwarz als den Ton 21 aller Skalen reiner Farben, die von Weiß als Null-Farbe ausgehen sollten, und nach dieser Betrachtungsweise interpolierte man zwanzig normale Grautöne in gleichem Abstand zueinander zwischen das normale Schwarz und das Weiß.

Man kann nun leicht ausrechnen, wie viele Töne notwendig sind, um die Typen der gedämpften Farben darzustellen – wenn in der Tat jede der 72 Skalen einer reinen Farbe 9 gedämpften Skalen ergibt, die aus jeweils 20 Tönen besteht, kommt man auf $72 \times 9 = 648$ Skalen; da jede aus 20 Tönen besteht, erhält man $648 \times 20 = 12.960$; hinzu kommen noch einerseits 20 normale Grautöne und andererseits die 1440 Töne der reinen Skalen; so daß man auf eine Summe von 14.420 für die Gesamtheit der Töne kommt, die den chromatischen Farbkreis ausmachen.

Wenn man die zwanzig Grautöne nicht mitrechnet, hat man somit

14.400 Normen; aber ich beeile mich zu sagen, daß sich diese Ziffer in der Praxis extrem reduzieren läßt.

Will man all diese gedämpften Skalen bequem unter dem Gesichtspunkt betrachten, der am geeignetsten ist, ihre wechselseitigen Verhältnisse hervortreten zu lassen, muß man ein und demselben Farbkreis sämtliche Skalen zurechnen, die denselben Nenner haben. Folglich wird der erste Kreis sämtliche reinen Farben enthalten.

Ein zweiter Kreis wird sämtliche Skalen mit 1/10 Schwarz umfassen,

ein dritter	2/10
ein vierter	3/10
ein fünfter	4/10
ein sechster	5/10
ein siebter	6/10
ein achter	7/10
ein neunter	8/10
ein zehnter	9/10

Nachdem er die Töne des ersten Farbkreises mit einer Reihe farbiger Strahlen des Sonnenspektrums verglichen hatte, die er mit Hilfe eines Kohlenstoffsulfid-Prismas gewonnen hatte – farbige Strahlen, deren Position durch die Fraunhoferlinien unveränderlich festgelegt ist –, sah M. Chevreul, daß der Farbkreis keinesfalls willkürlich war. Denn ohne den Kreis vor Augen zu haben, kann man ihn überall reproduzieren, wo man, nachdem man mit beliebigen farbigen Stoffen bestimmte farbige Strahlen des Spektrums imitiert hat, die als Norm aufgefaßt werden, zwischen die Farben des Farbkreises, die zwei dieser Strahlen korrespondieren, die Zahl der Zwischenpositionen zwischen den beiden Farben innerhalb des Farbkreises interpoliert, von denen bekannt ist, daß sie den gleichen Farbstrahlen des Spektrums entsprechen. Beispiel:

Das Rot des Farbkreises korrespondiert dem farbigen Strahl, der von den Bereichen B und C des Spektrums begrenzt wird. Das zweite Rot des Farbkreises korrespondiert dem Farbstrahl, der sich beim vierten Teil des Intervalls der Linien C und D befindet. Nun gut: Indem man den Zwischenraum zwischen das Rot und das zweite Rot einfügt, erhält man das erste Rot.

Ansicht der Farbkreise
Die Farbkreise können dazu dienen,
1. die Farben zu definieren,
2. ihre Mischung zu klären,
3. ihre Kontrastwirkungen zu klären.

Erstes Beispiel.
Aprikose – Orange 6 Ton
Amarant – Rotviolett 12 Ton
Morgenröte – Gelborange 8 Ton
Schiefer – 1 Blau 9/10 10 Ton
Schmutziggelb [*caca-Dauphin*] – 4 Gelborange 8 Ton
Seladon – 3 Blaugrün 5 bis 8 Ton
Kirsche – Rot 9 Ton
Zitrone – 4 Gelborange 6 Ton
Purpurrot – 3 Rotviolett 10 Ton
Scharlachrot – 1 Rot 12 bis 14 Ton
Smaragd – 2 Grün 11 Ton
Lapislazuli – 3 Blau 8 Ton
Flieder – 1 Violett 7 Ton
Malachit – 3 Gelb 6 bis 8 Ton
Nanking [gelblich-roter Textilstoff] – 1 Orange 1/10 3 Ton
Saphir – 5 Blau 11 Ton
Rötlich-Weiß [*ventre de biche*] – 3 Orange 7/10 4 und 5 Ton

Zweites Beispiel:
Jedesmal, wenn man zwei stoffliche Farben vermischt, die nicht chemisch miteinander reagieren – sei es, daß sie in extrem kleine Mengen zerteilt wurden, wie es in der Malerei geschieht, sei es, daß sie zwar eine sinnliche Ausdehnung haben, wie die Fäden der Tapis-

serien und Teppiche oder wie die kleinen Prismen bestimmter Mosaiken, die aber, wenn sie nebeneinandergelegt werden, wegen ihrer geringen Fläche es dem Auge nicht erlauben, sie voneinander zu unterscheiden –, stellen sich in beiden Fällen Wirkungen ein, die auf zwei Prinzipien zurückgehen.

1. Prinzip. Wenn die farbigen Materien Rot und Gelb sind oder zwei intermediären Farben angehören, wird man eine erhalten, entweder Orange oder eine Farbe, die vom Orange ins Rot oder vom Orange ins Gelb übergeht.

Wenn die farbigen Materien Gelb und Blau sind oder zwei intermediären Farben angehören, wird man eine reine Farbe erhalten, entweder Grün oder eine Farbe, die vom Grün ins Gelb oder vom Grün ins Blau übergeht.

Wenn die farbigen Materien Blau und Rot sind oder zwei intermediären Farben angehören, wird man eine reine Farbe erhalten, entweder Violett oder eine Farbe, die vom Violett ins Blau oder vom Violett ins Rot übergeht.

2. Prinzip. Wenn die vermischten Farben Rot, Gelb und Blau sind, entsteht Schwarz oder Grau.

A. Bei einem entsprechenden Verhältnis der drei farbigen Materien werden die Farben neutralisiert – das Ergebnis ist Schwarz oder normales Grau, das heißt ein Grau ohne wahrnehmbare Farbe.

B. Im gegenteiligen Fall ist das Resultat ein Grau, das durch die dominante Farbe oder die beiden dominanten Farben gefärbt ist. – Diese Prinzipien vorausgesetzt, folgt daraus:

Sobald der Platz der farbigen Materien, die man mischen möchte, im Farbkreis bekannt ist, läßt sich leicht in Erfahrung bringen, was sie ergeben werden, wenn man sie miteinander vermischt.

1. Das materielle Rot und das materielle Gelb ergeben, wenn man sie mischt, ein mehr oder weniger reines Orange nur dann, wenn sie

aus den Grenzen des Rot und des Gelb des ersten Farbkreises nicht heraustreten.

2. Im gegenteiligen Fall wird die Farbe desto blasser sein, je mehr Blau in der Mischung enthalten ist.

3. Das gleiche Resultat für Gelb und Blau. Wenn die farbigen Materien den Bereich dieser Farben nicht verlassen, wird man eine mehr oder weniger reine grüne Farbe erhalten.

4. Im gegenteiligen Fall wird die Farbe desto blasser sein, je mehr Rot sie enthält.

5. Das gleiche Resultat gilt wiederum für Blau und Rot. Wenn die Materien, die sie repräsentieren, innerhalb der Grenzen des Blau und des Rot bleiben, wird die reine Farbe ein wenig ins Violette übergehen oder Violett oder Rotviolett sein.

6. Im gegenteiligen Fall wird die Farbe desto blasser sein, je mehr Gelb sie enthält.

7. Die farbigen Materien sind *komplementär*, das heißt, wenn sie sich in dem Farbkreis diametral gegenüber befinden, neutralisieren sie sich gegenseitig; sind die Farben hinreichend intensiv, ergibt die Mischung *Schwarz*; wenn sie wenig intensiv sind, entsteht ein normales Grau.

   Die Konsequenz liegt in der Färbung. In der Malerei stellt man Schwarz oder normales Grau her, indem man einer beliebigen Farbe die komplementäre hinzufügt, die vom Farbkreis angegeben wird.

8. Das gleiche Resultat, wenn man einen weißen, schwach vergilbten Körper neutralisieren will, wie man es beim Aufhellen von Papier, von Wäsche tut: So fügt man in diesem Falle wiederum seine Komplementärfarbe (Waschblau) hinzu.

Vom Simultankontrast der Farben

Die Wirkungen des Kontrastprinzips der Farben lassen sich jedesmal beobachten, wenn zwei Farben auf einer Ebene nebeneinandergelegt werden.

Sie erscheinen dann so unterschiedlich wie nur möglich!

1. hinsichtlich ihrer Tonhöhe, wenn dieser Ton nicht bei jeder von ihnen der gleiche ist;

2. hinsichtlich ihrer jeweiligen Farben selbst: Wird zum Beispiel Blau, das Grün ergibt, wenn es mit Gelb vermischt wird, in unmittelbare Nähe einer gelben Fläche gelegt, erscheint es mitnichten grünlich, sondern eher ins Violett übergehend, und das Gelb spielt keineswegs ins Grünliche, sondern ins Orange.

Mit einem Wort, sämtliche Phänomene des Simultankontrasts der Farben bestehen darin, daß die Komplementärfarbe jeder neben die ursprüngliche gelegten Farbe sich der anderen Farbe hinzufügt. Da die Komplementärfarbe des Blau das Orange ist, kommt dieses zum Gelb hinzu, und da die Komplementärfarbe des Gelb das Violett ist, kommt dieses, im Einklang mit der Erfahrung, zum Blau hinzu. Nun werden sämtliche Farbmodifikationen, die durch den Simultankontrast hervorgebracht werden, im Farbkreis angezeigt. Denn bezieht man die beiden nebeneinandergelegten Farben auf die zwei normalen Farben des Farbkreises, so ist die Komplementärfarbe jeder der beiden diejenige, die ihr im Farbkreis diametral gegenüberliegt. Man braucht also nur zu wissen, was sich – gemäß dem Prinzip der Mischung – aus jeder der nebeneinandergelegten Farben durch die Mischung der Komplementärfarbe der Farbe, die danebengelegt wurde, ergibt, um von den Kontrastwirkungen Rechenschaft zu geben. Da nun schließlich der Farbkreis sämtliche Farben dergestalt zeigt, daß diejenigen, die einander diametral gegenüberstehen, wechselseitig komplementär sind, kann man sich folglich den Kontrast erklären, den M. Chevreul den *sukzessiven* nennt. Diese Art von Kontrast besteht darin, daß eine Farbe, die man mehrere Sekunden lang betrachtet hat, das Auge dazu veranlaßt, in der Zeit danach ihre Komplementärfarbe zu sehen: Hat man zum Beispiel eine Zeitlang die Farbe Grün betrachtet, der im Farbkreis das Rot diametral gegenübersteht, so neigt man dazu, die

Gegenstände, die man in der Zeit unmittelbar danach betrachtet, rosa zu sehen.

Sucht man also die Komplementärfarbe zu einer gegebenen Farbe im Farbkreis, wird man sich mit der Prädisposition des Auges vertraut machen, die Gegenstände in dieser Farbe zu sehen, nachdem es eine Zeitlang fest auf die gegebene Farbe gerichtet wurde.

Anwendungen[39]
1. Abteilung
Nachahmung farbiger Gegenstände mit Hilfe von farbiger Materie, die gleichsam bis ins Unendliche teilbar ist.
Erster Abschnitt – Malerei nach dem System des Hell-Dunkel.
Zweiter Abschnitt – Malerei nach dem System der flächigen Töne.
Dritter Abschnitt – Kolorit.

2. Abteilung
Nachahmung farbiger Gegenstände mit Hilfe von farbiger Materie, die über eine sinnlich wahrnehmbare Ausdehnung verfügt.
Erster Abschnitt – Tapisserien der Gobelin-Manufaktur
Zweiter Abschnitt. – Tapisserien aus Beauvais für Möbel
Dritter Abschnitt – Teppiche der Savonnerie-Manufaktur
Vierter Abschnitt – Tapisserien für Möbel und Teppiche als Handelsware
Fünfter Abschnitt – Mosaike
Sechster Abschnitt – Glasmalerei

3. Abteilung – Druck
Erster Abschnitt – Druck von Zeichnungen auf Textilien
Zweiter Abschnitt – Druck von Zeichnungen auf Papier
Dritter Abschnitt – Bedrucken farbigen Papiers mit Druckbuchstaben

4. Abteilung
Verwendung von flächigen Tönen in der Illumination
Erster Abschnitt – Landkarten
Zweiter Abschnitt – Geographische Tafeln

5. Abteilung
Anordnung farbiger Gegenstände von
mehr oder weniger großer Ausdehnung
Erster Abschnitt – In der Architektur
Zweiter Abschnitt – Um das Interieur
von Häusern, Gemäldegalerien, Kon-
zerthallen und Kirchen zu schmücken
Dritter Abschnitt – Für die Bekleidung
Vierter Abschnitt – Im Gartenbau

6. Abteilung
Vom Einfluß der vorstehenden Prinzipien auf die Beurteilung farbiger Gegenstände nach ihrer absoluten Farbe und
ihrer Zusammenstellung.

Fünftes Gespräch

Allgemeine Fragen. – Schluß

CHEVREUL: Es zeigt sich, daß der Mensch zum aufrechten Gang organisiert ist, und auch wenn wir ohne Vorbehalt eingeräumt haben, daß seine *Perfektibilität* nicht aus seinen Organen zu erklären ist, müssen wir die so bewundernswerte Struktur seiner Hand betonen, wie sie allen Befehlen des Geistes nachkommt, sowie den Umstand, daß die Hand als Organ des Tastsinns sich eine exquisite Feinheit bewahrt hat, insofern sie von der Teilnahme an der Fortbewegung freigestellt ist. Schließlich geben das Volumen und die Windungen des Gehirns, das seinen Platz in einem senkrecht auf der Wirbelsäule sitzenden Schädel findet, dem Menschen eine vorteilhafte Position zur Beobachtung der äußeren Welt, wie sie keinem anderen Säugetier verliehen ist: woraus wir den Schluß ziehen, daß die physische Organisation des Menschen, *ohne seine Überlegenheit gegenüber den Tieren zu erklären*, sich in vollkommener Übereinstimmung mit ebendieser Überlegenheit befindet.

Der Gedanke einer Stufenleiter der Lebewesen, wie ihn Bonnet entwickelt hat, die Serie Blainvilles, die Hypothese der Fortschritte, auf der die von Sevres definierte transzendente Anatomie beruht, legen es allesamt nahe, daß die Wissenschaft es erlaubt, die Tiere nach ihrer jeweiligen Vorrangstellung zu klassifizieren. Beachten Sie in der Tat, daß in der Zoologie der Mensch ein ausgewiesener Bezugspunkt ist und daß Aristoteles auf diese Weise vor mehr als zwanzig Jahrhunderten die Tiere in abgestufte Gruppen gliederte, während die Botanik, die über keinen Prototyp verfügt, sich deshalb auf die Klassifikation in Familien, Gattungen und Arten beschränken mußte.

Von daher ist es folgerichtig, wenn man die Vorrangstellung des Menschen gegenüber den Tieren der *realen Tatsache seiner Perfektibilität* zurechnet; doch in Ermangelung der *natürlichen Methode* hieße das, die unmittelbare Ursache dieser Perfektibilität aus dem Stand der Wissenschaft erklären zu wollen, zumal wenn man dabei auf etwas Physikalisches zurückgreift.

Die *Perfektibilität* des Menschen ist nach meinem Verständnis eine so erhabene Tatsache, daß ich nicht zögern würde, aus seiner Naturgeschichte ein gesondertes, überlegenes Reich zu machen, wenn ich ihn nur unter moralischem Gesichtspunkt betrachten würde. Da ich jedoch außerstande bin, seine materielle Natur aus der Betrachtung auszuklammern, das heißt die Struktur, die Funktionen und die chemische Beschaffenheit seiner Organe, glaube ich der experimentellen Methode *a posteriori* näher zu sein, wenn ich nur eine Klasse unter dem Titel des *mit Perfektibilität begabten Säugetiers* bilde.

NADAR: Fürchten Sie nicht, Monsieur Chevreul, daß ein reiner Zoologe dieses Wort *Säugetier*, das uns – ob wir wollen oder nicht – daran erinnert, daß der Mensch sich damit begnügen muß, sich in die Klassifikation der Tiere einzuordnen, für ein Zugeständnis Ihrerseits halten würde?

CHEVREUL: In keiner Weise. Wer könnte behaupten, daß die Analogien des Menschen mit den Säugetieren in physischer Beziehung anfechtbar wären? Wie diese ist er ein säugendes, mit Wirbeln ausgestattetes Lebewesen; sein warmes Blut zirkuliert in einem aus Arterien und Venen gebildeten Apparat in Verbindung mit einem Herzen mit zwei Vorkammern, die *ihrerseits* mit zwei Lungenflügeln verbunden sind; er hat wie viele Säugetiere drei Arten von Zähnen; schließlich hat die Analogie seines Organismus zahlreiche Ähnlichkeiten in den beinahe identischen Organfunktionen zur Folge. Ich erkenne aufrichtig und ohne den Schatten eines Zögerns an, daß der Mensch, wenn man ihn der Untersuchung der anatomischen Struktur seiner Organe und ihrer Funktionen unterzieht, kein charakteristisches Attribut aufweist, das seine Überlegenheit gegenüber den Tieren begründen könnte.

Unsere experimentelle Methode *a posteriori* erkennt also an, daß sie außerstande ist, die unbestreitbare *Tatsache* der Überlegenheit des Menschen gegenüber den Tieren zu erklären. Es gibt hier keine Verlegenheit einzugestehen, denn beim Stand unserer Erkenntnisse, deren Umfang unaufhörlich sich zu erweitern strebt, ist jede wissenschaftliche Synthese notgedrungen unvollständig, und dieses dauerhafte Ungenügen ist gerade das, was den menschlichen Fortschritt ausmacht, der andernfalls keine Rechtfertigung hätte. Aber indem sie uns auf die vergleichende Untersuchung des Menschen und der Tiere unter dem Gesichtspunkt ihrer physischen Analogien oder Differenzen verweist, warnt uns unsere experimentelle Methode davor, die Konklusion zu übergehen, zu der die Untersuchung der Parallele unter moralischem Gesichtspunkt führt.

Diese Konklusion führt unbestreitbar zu einer eigenständigen, höheren Art eines freien, moralischen Seins, das also ein Bewußtsein vom Gut und Böse seiner Handlungen hat und sich insofern völlig vom Tier unterscheidet, das allein von seinem Artinstinkt abhängig ist.

Beachten Sie, daß ich als erster anerkennt habe, daß der Mensch ohne die materielle Ähnlichkeit mit den Tieren, so wie wir sie ausgebildet finden, nicht lebensfähig wäre; und diese Erwägung hat natürlich ihren Preis, in welchem philosophischen System auch immer. – Doch einzig der Mensch hat eine Familie, eine Gesellschaft, zählt Vorfahren, hat seine Annalen. Das Individuum hat darin seine Biographie und die Gesellschaft ihre Geschichte.

NADAR: Doch unser reiner Zoologe, der hartnäckig an seiner Meinung festhalten muß, wird er Ihnen nicht antworten, daß die Tiere, ob nun Säugetiere oder Wirbeltiere oder auch nicht, ebenfalls ihre Familien und ihre Abkömmlinge haben, deren Annalen das »Stud Book«, das Zuchtbuch, präzise verzeichnet; daß viele von ihnen, noch ehe man bei der Biene und der Ameise anlangt, dem Menschen Beispiele von Soziabilität und vor allem von Solidarität geben, die nachzuahmen durchaus in seinem Interesse läge; und daß die Beobachtung schließlich bei den Tieren manchmal eine gewisse begrenzte, aber unbestreitbare Perfektibilität zeigt.

Was das Bewußtsein von Gut und Böse angeht, mit dem der Mensch ausgezeichnet ist, so wird es dem Moralisten nicht allzu leichtfallen, jeden Morgen die Zeitung aufzuschlagen, in der die Spalte der »Vermischten Nachrichten« – um nicht respektlos von irgendwelchen

Leit- oder anderen wichtigen Artikeln zu sprechen – uns schmerzlich vor Augen führt, bis in welche entsetzlichen Tiefen der Mensch oftmals hinabsteigt und dabei jede Bestie an Dummheit und Roheit überbietet.

Was ist das für eine »Perfektibilität«, die sich am Ende so vieler aufgetürmter Jahrhunderte genau an dem Punkt befindet, von dem sie ausgegangen ist: dem Krieg zwischen den ersten beiden Brüdern am Anfang und dem genauso abscheulichen Krieg von heute? Überall ein ruchloser und törichter Antagonismus anstelle von Solidarität, und der perfektible Mensch hat sich noch nicht einmal zu dem Grad an Perfektion oder elementarer Wahrnehmung aufschwingen können, die ihm tagtäglich vor Augen führt, daß das glimmende Holzstück, wenn man es vom Herd entfernt, erlischt.

Welches der beiden ist dem anderen in intellektueller und moralischer Hinsicht überlegen: das Tier, das dem Menschen seine Arbeitskraft und manchmal sein Leben opfert, um ihm zu dienen und ihn zu verteidigen, oder der Mensch, der das Tier mißhandelt, verstümmelt oder tötet, seinen Verbündeten, seinen Freund, seinen Wohltäter?

CHEVREUL: Unsere Unvollkommenheit, die sich meines Erachtens in der mangelnden Urteilsfähigkeit über Gut und Böse, in der Barbarei zeigt, erlegt uns gerade die Pflicht zur stetigen Verbesserung auf, und genau darin manifestiert sich für mich die Gabe unserer Perfektibilität.

Doch um in der Menschheit immer nur das Schlimmste zu sehen, müßte das nicht heißen, daß Ihnen Beispiele von Güte, Verstand und Größe unbekannt geblieben sind?

NADAR: Oh! Sagen Sie das nicht, Monsieur Chevreul! Ganz im Gegenteil bin ich seit Beginn meines Lebens, das ja nun schon längere Zeit dauert, den schönsten Seelen, den vornehmsten Charakteren und den zartfühlendsten Herzen begegnet. Reinste Freundschaft, treueste Hingabe, Güte, Uneigennützigkeit und Nachsicht habe ich erfahren, von den einfachsten und den berühmtesten Menschen – und wie viele Male!

CHEVREUL: Bravo! Aber dann könnte ich um so weniger die Schlußfolgerungen zugeben, zu denen Sie gelangt sind. Ich habe, was mich betrifft, stets die Moralisten bekämpft, die sich für berechtigt halten, überall das Böse zu sehen und den Egoismus als Attribut der Menschheit zu betrachten. Ich werde sie nicht mit optimistischen Gegenmeinungen widerlegen; doch wenn man das Gefühl des Richtigen und des Wahren hat, erkennt man mit echter Unbefangenheit die Existenz von mehr rechtschaffenen Gefühlen, als diejenigen glauben, die sich nicht die Mühe machen, danach zu suchen. Übrigens, wie viele vornehme Exempel würden doch – wie Sie zugeben werden – gegen die pessimistischen Übertreibungen Einspruch erheben! Das Streben nach Reichtum, der Ehrgeiz, werden sie nicht der Pflicht, der Philanthropie geopfert? Und

sieht man nicht mehr Menschen ihr Leben aufs Spiel setzen, um dasjenige ihresgleichen zu retten?

Doch Sie haben die Reihenfolge unserer These vertauscht, und ich komme darauf zurück, indem ich behaupte, daß die bewundernswerten instinktiven Fähigkeiten der wilden Tiere – Fähigkeiten, die sie stets untrüglich lenken – weder das Produkt des Zufalls noch das Erzeugnis menschlicher Intelligenz sein können. Erkennen wir nur an, daß dieser Instinkt des Tieres nicht die Intelligenz des perfektiblen Menschen ist.

Wenn wir unter den Tierarten, deren Individuen im allgemeinen vereinzelt leben, einigen begegnen, die in Assoziationen leben, so antworte ich Ihnen, daß diese Arten zwar tatsächlich in Assoziationen leben können, diese aber nicht gegründet haben, was etwas ganz anderes ist; sowenig wie sie imstande wären, ihre Genealogien aufzuzeichnen. Sie vergessen, wer hier der Archivar ist und daß es kein anderer sein könnte als der Mensch.

Diese Assoziationen bei bestimmten Tierarten haben nur sehr schwache Analogien mit der großen menschlichen Gesellschaft, und wenn sie dem Beobachter manchmal einige Züge von Perfektibilität gezeigt haben in den Mitteln, sich den Gefahren der Nachbarschaft mit dem Menschen zu entziehen, hat sich diese Perfektibilität unbestreitbar als so relativ erwiesen, daß sie nicht mit der Perfektibilität des Menschen verglichen werden könnte.

Und beachten Sie: Wenn uns im weiteren die Beobachtung bestimmter Tiere zu dem Zugeständnis führt, daß bei ihnen manchmal gewisse Fähigkeiten vorliegen, die wir beim Menschen nicht vorfinden, so würden Sie hinter Aristoteles zurückgehen, wenn Sie ihrer Vernunft einen zu großen Anteil einräumen. Es ist einzig der Instinkt, der sie befähigt, Künste auszuüben, die sie von ihren Vorfahren nicht erlernt haben.

Angesichts dieser Überlegungen sollten Sie davon absehen, bei mir auf einen Mangel an Demut zu schließen, der mich unsere Unvollkommenheit und unsere Schwäche vergessen ließe. Denn nichts könnte meinem Denken besser entsprechen als das Wort von Pascal:

>»Es ist gefährlich, dem Menschen zu eindringlich vor Augen zu führen, wie sehr er den Tieren gleicht, ohne ihm seine Größe zu zeigen. Und es ist weiter gefährlich, ihm zu eindringlich seine Größe ohne seine Niedrigkeit vor Augen zu führen. Es ist noch gefährlicher, ihn in Unkenntnis des einen und des anderen zu lassen, aber es ist sehr vorteilhaft, ihm das eine und das andere darzulegen.«[40]

Was die traurigen Ausnahmen angeht, die ein Argument gegen die Fähigkeit zum Urteil über Gut und Böse in der menschlichen Gattung zu liefern scheinen, können wir nicht außer acht lassen, daß nicht alle Individuen einer Gattung gleichermaßen zur Perfektion erhoben werden können, eine Regel, die auch auf die Arten ein und derselben Ordnung anwendbar ist. Ebenso sei im Vorübergehen gesagt, daß die Arten einer niederen Ordnung manchmal die Arten einer höheren an Perfektion überragen können. Der gegenwärtige Stand der Wissenschaft erlaubt uns nur, die Tatsache festzustellen, ohne sie zu erklären. So sind die am wenigsten perfekten Arten von Vierhändern gewiß in einer Reihe von Punkten dem Hund unterlegen, der dennoch der Ordnung der Raubtiere angehört, die unterhalb der Ordnung der Vierhänder angesiedelt ist.

Auf Ihre Vorbehalte hinsichtlich der Unterlegenheit bestimmter Individuen, wie sie auch für bestimmte Gattungen gilt, antworte ich, daß genau dies der Anlaß für mich war, den wissenschaftlichen Klassifikationen und der allgemeinen Theorie von M. Milne Edwards, die bislang wachsende Zustimmung gefunden haben, die Klassifikation nach Etagen vorzuziehen, die aus der *experimentellen Methode a posteriori* hervorgegangen ist.

Doch wenn ich nun den Instinkt der Tiere als eine unerklärliche Tatsache anerkenne, werde ich darum nicht mit Descartes sagen, das Tier, *reine Maschine*, sei bar jeder Intelligenz, denn meine Beobachtungen haben mir gleichzeitig eine gewisse Intelligenz bei den Tieren erwiesen, die, wie wir gesagt haben, bei den Individuen derselben Art keineswegs gleich ist.

So hatte ich einige Zeit lang im Museum drei Katzen gleichzeitig. Wenn sie mich in meiner Bibliothek besuchen wollten, wo sie sich wohlfühlten,

– miaute die eine, um sich die Tür öffnen zu lassen;

– erhob sich die zweite, ohne zu miauen, auf die Hinterpfoten und kratzte am Holz,

– während die dritte wartete, ohne irgend etwas zu tun.

Das sind also, gut belegt, drei unterschiedliche Grade von Verstehen und Bemühen.

Eine andere Tatsache. Bevor man für unsere Vierhänder den Palast der Affen errichtete – wie ihn ein ehrwürdiger Abgeordneter bezeichnet hat –, gab es provisorisch einen Käfig, der von seiner Größe her geeignet war zu erproben, ob die Affen zusammenleben könnten oder nicht. In dieses provisorische Affenhaus setzte man ein Dutzend Makaken, Affen, die als besonders intelligent gelten.

Dem Besucher unseres zoologischen Gartens und unserer Galerien, der es liebt, die Tiere zu füttern, standen dafür Nüsse und Kuchenstückchen auf einem Brettchen vor dem Käfig zur Verfügung. Das Gitter auf der Vorderseite reichte nicht ganz bis auf den Boden, der zum Zwecke der Reinigung auf Führungsschienen lief, und die Enge des Raums erlaubte es den Makaken nur dann, mit ihren Händen die Leckereien zu ergreifen, wenn diese ganz nahe am Käfig standen.

Für diejenigen, die sich etwas entfernter außerhalb ihrer Reichweite befanden, kam einer der Makaken auf die Idee, das Begehrte mit dem Schwanz heranzuziehen. Über ein Jahr lang habe ich gesehen, wie dieser Makake den ganzen Tag lang dieses Manöver wiederholte, ohne daß es irgendeinem seiner Gefährten, die ihm, was das Kapitel der Feinschmeckerei angeht, in nichts nachstanden, ein einziges Mal in den Sinn gekommen wäre, es demjenigen gleichzutun, den zu beobachten sie sich begnügten. Unleugbarer Beweis dafür, daß der ohnehin so beschränkte artspezifische Instinkt sich überdies als ein individueller erweist und daß es mehr als waghalsig wäre, die so unvollkommene Erziehbarkeit, der wir bei den Tierarten manchmal begegnen, und die wunderbare Perfektibilität des Menschen einander gleichzustellen.

Wer zum Beispiel wäre nicht von Bewunderung und Anerkennung erfüllt, wenn wir auf Genies wie Bonnet, Priestley, Ingen-Housz, Senebier, de Saussure, Boussingault und andere blicken, denen es, von edelmütigem Wetteifer beseelt, in der gemeinsamen Anstrengung ihrer Intelligenz und ihrer Wachheit mit unbestreitbaren Beweisen gelang, uns das Rätsel jener äußersten Verbindung zu demonstrieren (ohne es zu erklären), welche die Pflanzen zu Vermittlern werden läßt, die den Tieren die Stoffe der mineralischen Welt zur Verfügung stellen, nachdem sie diese mineralischen Stoffe einer Verarbeitung unterzogen haben, die sie unserer Ernährung zuträglich macht!

Verstehen Sie, wie ungerecht hier jener Vorwurf ist, gegen den zu protestieren ich nicht einen Tag lang aufgehört habe: daß die Wissenschaft zum Materialismus führe, während es ganz im Gegenteil die Wissenschaft ist, die uns zum reinsten Spiritualismus erhebt!

Der Theologe, weit davon entfernt, die Wissenschaften als Feinde abzulehnen, betrachtet sie mit Recht als mächtigen Beistand der religiösen Empfindung.

Der Mensch verdankt die Gesamtheit der Erkenntnisse, durch die er sich von den Tieren unterscheidet, seinem *Denkvermögen*, und wenn sich unter den letzteren zufällig Arten oder Individuen finden, denen es nicht völlig an Intelligenz mangelt, so nur in einem Grade, der zu unbedeutend ist, um die unüberwindliche Trennung zu gefährden.

Dank der *Willensfreiheit*, der *Fähigkeit zu wollen*, hat der Mensch das Bewußtsein seiner eigenen Existenz, seines Ichs und der Ideen von Notwendigkeit und Zufall.

Dank der *Wahrnehmung der Empfindungen, die wir von der Außenwelt empfangen*, vermittels der Organe unserer äußeren Sinne können wir die Körper der Außenwelt nicht mit unserer eigenen Person, unserem *Ich* verwechseln.

Dank unserem *moralischen Sinn* unterscheiden wir *Gut* und *Böse* und haben zugleich das Bedürfnis, um mit uns selbst im Reinen zu sein, das erste unter Ausschluß des zweiten auszuüben, selbst wenn unsere Interessen darunter leiden sollten.

Schließlich wird das Gefühl des *Guten* und *Rechten*, das, was man auch darüber sagen mag, den edlen Herzen eingeboren ist, zum Glück und auf natürliche Weise mit der strengsten und tiefsten Erforschung der Himmelsmechanik, der molekularen Wirkungen und der Abhängigkeit, in der sich das Tierreich vom Pflanzenreich befindet, zusammenwirken, um uns von der Existenz eines göttlichen, schöpferischen und vorausschauenden Wesens zu überzeugen. Und so wird uns dieses Gefühl dahin führen, die Idee, daß die Natur, so wie wir sie beobachten, die Wirkung des Zufalls sei, für unvereinbar mit der strengsten Vernunft zu halten.

Diese Harmonie, welche die organisierte Welt ewig regiert, springt uns von überall her ins Auge; die Wissenschaft demonstriert sie uns und macht sie für uns noch bewundernswerter, denn je mehr wir wissen, desto mehr bewundern wir.

Aber ich habe Ihnen nicht alles gesagt, und Sagen allein genügt nicht, *es kommt darauf an, zu beweisen, zu zeigen, sehen zu lassen*. Entscheidend ist, daß Sie sehen; ich muß Sie sehen lassen (zeigen). *Ich will sehen lassen (zeigen), weil ich dann, wenn ich sehe, glaube!*

NADAR: Erlauben Sie mir, Monsieur Chevreul – gerade zu diesen letzten Worten, in denen man Sie ganz wiederfindet –, erlauben Sie mir, Ihnen ein Frage zu diesem wesentlichen Punkt zu stellen?

Während Ihres ganzen so verehrungswürdigen Lebens haben Sie die überall entscheidende Notwendigkeit der Tatsachenfeststellung, der Methode *a posteriori* bekräftigt, und man hätte gewiß Grund dazu, Sie zum eigentlichen Haupt der experimentellen Schule zu erklären. Erlauben Sie also einem Mann, der Sie ebenso liebt wie bewundert und der, zweifeln Sie nicht daran, ein Mann guten Willens ist, erlauben Sie ihm, sich zu verwundern und nicht mehr zu verstehen, wenn derjenige, der immer alles sehen wollte, der hervorragende praktische Forscher, der niemals innehielt, solange er nicht den *Beweis* gefunden hatte, aus Tatsachen der rein materiellen Beobachtung – wie unerklärlich sie auch seien – eine Folgerung spiritueller Art zieht und sich damit zu begnügen scheint, die *Wirkungen*, die er *sieht*, die er *berührt*, zu einer »intelligenten ersten *Ursache*« zu immaterialisieren, zu verflüchtigen, die eine bloße Abstraktion ist?

CHEVREUL: Eine Abstraktion!!! – Nein, diese große Tatsache des Lebens könnte ich nicht, kann ich nicht begreifen – was nicht heißt, sie zu erklären –, ohne sie auf eine »intelligente erste Ursache« zurückzuführen. Wenn der Atheist den Anhängern der Existenz Gottes vorwirft, eine bloße Hypothese – wie er sagt – zuzugeben, die zu beweisen sie außerstande sind, so möge mir doch der Atheist die seine beweisen! Bedenkt man die vorausschauende Weisheit, die bei der Einrichtung der Welt maßgeblich gewesen ist, eine Weisheit, von der die Himmelsmechanik, die Regeln der wechselseitigen Abhängigkeit des organischen Lebens, die Tiere und ihre Instinkte in gleicher Weise künden – wäre man da nicht versucht, sich zu fragen, ob nicht zu bestimmten Zeiten der menschlichen Gesellschaften das bewundernswerte Schauspiel der unbelebten Dinge und der Lebewesen, vom Menschen abgesehen, eine Lektion wäre, die dem menschlichen Stolz auferlegt ist? Böte ihm eine solche Lehre nicht die Gelegenheit, von Zeit zu Zeit diese sublimen Harmonien, die nicht sein Werk sind, mit dem Schauspiel der Gesellschaften zu vergleichen, deren Individuen der einzigen perfektiblen Art angehören, mit Willensfreiheit, Handlungsvermögen und moralischem Sinn ausgestattet sind – und die dennoch in ständigem Krieg mit sich selbst liegen, vom Stadium der Wildheit bis zum vorgeblich zivilisiertesten Zustand, derart, daß der größte Feind des Menschen der Mensch ist!

Und doch hört man aus vieler Munde das Wort *Menschheit*, so wie andere *Gottheit* sagen.

Und es geschieht, wie man uns sagt, im Interesse dieser Menschheit, wenn man sich in gewissen Schriften, die an die Leute von Welt gerichtet sind, auf die Wissenschaft zu stützen vorgibt, um das religiöse Empfinden zu schwächen, wenn nicht zu zerstören. Ich sehe all das, was die Gesellschaft dabei verlieren kann, ich sehe nicht, was sie dabei gewönne. Die Lebensverhältnisse der Menschheit auf sämtlichen Rängen der Gesellschaft sind nicht so glücklich, daß man geneigt wäre, sie noch weiter zu verschlechtern.

Ihr, die ihr für das Glück der Menschen zu schreiben behauptet, indem ihr die Menschen mit dem Licht der Wahrheit erleuchtet, um zu zerstören, was ihr als Vorurteile behandelt, wartet doch, ehe ich euren Bemühungen Beifall spenden kann, bis ihr etwas Besseres entdeckt habt als die *Hoffnung*, um eine Mutter über den Tod ihres Sohnes hinwegzutrösten, um einen Unglücklichen im Elend oder im Schmerz zu stärken, um den Gestrauchelten, der Reue zeigt, zu beschwichtigen und schließlich um dem Verbrecher, den die Gerechtigkeit der Menschen ereilt, die Qual seiner letzten Stunden zu lindern. Ach! Sagen Sie mir nicht, das sei »eine Abstraktion«! Wie viele Tatsachen gibt es nicht, die, auch wenn sie nicht sichtbar, doch nicht minder *real* sind!

Doch hier nichts dergleichen: das, was *ist*, sehen wir, es sei denn, wir wären blind. Ist es nicht das *Licht* – dieses *göttliche* Licht –, das es mir erlaubt, die Farben zu unterscheiden, die Farben zu sehen? Und weil es *dieses Licht* ist, das mich sehen läßt, *sehe ich es!* Schauen Sie, schauen Sie genau, schauen Sie noch einmal hin: *Am Ende werden auch Sie es sehen* ...

Anmerkungen

1 Paul Nadar wurde der französische Repräsentant der Firma George Eastman, die 1888 mit der Entwicklung der Kodak-Kamera, die erstmals Rollfilme einsetzte, ein einfaches Verfahren auch für Amateurphotographen auf den Markt brachte. Dieses ließ auch relativ kurze Belichtungszeiten zu. – *Sofern nicht anders angegeben, stammen die Fußnoten vom Übersetzer bzw. vom Herausgeber.*

2 Félix Nadar hatte bereits im Dezember 1856 in einem Artikel des *Musée Français-Anglais* einen »Daguerreotyp der Töne [*daguerréotype des sons*], – der PHONO-GRAPH« imaginiert.

3 *Les Mémoires du Géant*, S. 271 f., bei E. Dentu, Paris 1864. – *Anmerkung im Ms.*

4 Und zwar über das Telephonnetz. Ein Abonnent dieses »Theatrophons« war übrigens Proust. Zu Lissajous vgl. *Mémoire sur l'étude optique des mouvements vibratoires*, Paris 1857.

5 »Traduire, c'est trahir« ist eine Formel, die sich als stehende Wendung etabliert hat. Sie findet sich bereits prominent bei 1549 bei Du Bellay: »Mais que diray-je d'aucuns, vrayement mieux dignes d'estre appelez traditeurs, que traducteurs? veu qu'ils trahissent ceux qu'ils entreprennent exposer, les frustrans de leur gloire, et par mesme moyen seduisent les lecteurs ignorans, leur monstrant le blanc pour le noir.«

6 Paris 1674.

7 *Permessus*: eine den Musen geweihte böotische Quelle. Der »Aufenthalt an den Ufern des Permessus« wird von Boileau als bildlicher Ausdruck für das Versdichten benutzt. Vgl. Émile Littré, *Dictionnaire de la langue française*, 1872-1877.

8 Paris 1827; deutsch: Émile de L'Empésé, *Die Kunst des Krawattenbindens*, übersetzt von Stefanie Jung, Königswinter 1992. Bréffaults Buch erschien 1813.

9 Horaz, *Satiren*, I. 5, 100: »Das glaube der Jude Apella«, also: Das glaube, wer will.

10 Christoph Wilhelm Hufeland, *Die Kunst, das menschliche Leben zu verlängern*, Jena 1797. Nahezu alle Beispiele für langlebige Individuen sowie viele historische Anekdoten sind diesem Buch entnommen. Nur die wörtlich zitierten Passagen werden im folgenden nachgewiesen; es gibt zahlreiche weitere Übernahmen ohne Anführungszeichen.

11 Ebd., S. VIII, X.

12 Ebd., S. 32, 42 ff.

13 Ebd., S. 42.

14 Ebd., S. 426.

15 Ebd., S. 433.

16 Ebd., S. 88.

17 Ebd., S. 385.

18 Ebd.

19 Ebd., S. 419.

20 Ebd., S. 136.

21 Das Zitat wird dem Schriftsteller und Satiriker Alphonse Karr (1808-1890) zugeschrieben.

22 Paris 1847.

23 Hufeland, *Die Kunst, das menschliche Leben zu verlängern*, a. a. O., S. 104.

24 Ebd.

25 *La Solitude*, Elegie von Marc-Antoine Girard de Saint-Amant (1617).

26 Hufeland, *Die Kunst, das menschliche Leben zu verlängern*, a. a. O., S. 364 f.

27 Ebd., S. 369.

28 Vgl. dazu Nadar, »Quand j'étais photographe«, in: Jean-François Bory (Hg.), *Nadar*, Bd. 2, Paris: Hubschmid 1979, S. 967-1284, S. 978 f.

29 Victor Hugo, »Plein Ciel«, in: *La Légende de siècles*, I, Paris: Hetzel 1859, S. 248.

30 Francesco Lana de Terzi (1631-1687), *Prodromo ovvero saggio di alcune invenzioni nuove premesso all'arte maestra* [Vorbote oder Versuch über einige neue Erfindungen im Vorfeld der Hauptkunst], Parma 1692.

31 »Les attractions sont proportionnelles aux destinées«: Inschrift auf dem Grab Charles Fouriers auf dem Pariser Friedhof Montmartre.

32 Louis de Lucy, »Le problème de l'aéromotion« (*L'aéronaute*, Nr. 4). – *Anmerkung im Ms.*

33 Molière, *Les femmes savantes*, II, 6: »La grammaire, qui sait regenter jusqu'aux rois / Et les fait, la main haute, obéir à ses lois.« Deutsch: *Die gelehrten Frauen*, in neue Alexandriner gebracht von Hans Weigel, Zürich: Diogenes 1965.

34 Saint-Simon, *Mémoires complets et authentiques*, Bd. 19, Paris 1840, S. 250. In der deutschen Übersetzung der *Memoiren* von Sigrid von Massenbach nicht enthalten.

35 Ebd., Bd. 11, Paris 1840, S. 60.

36 Charles Baudelaire, »Über die Farbe«, in: *Der Salon 1846*, übersetzt von Wolfgang Drost, in: Charles Baudelaire, *Sämtliche Werke/Briefe*, herausgegeben von Friedhelm Kemp und Claude Pichois, Bd. 1, München: Heimeran 1977, S. 201-206. Vgl. den Textkommentar von Friedhelm Kemp, in dem es heißt: »Man darf annehmen, daß er [Baudelaire] zumindest einige Kapitel des über 700 Seiten umfassen-

den Standardwerks von Eugène Chevreul *De la loi de contraste simultané des couleurs* (Paris 1839; ›Vom Simultankontrast der Farben‹) gelesen hat« (ebd., S. 442-444).

37 Außer mit seinen Erzeugern, Gelb und Blau; ich spreche hier jedoch nur von reinen Tönen. Denn diese Regel ist auf die transzendenten Koloristen nicht anwendbar, die von Grund auf die Wissenschaft des Kontrapunkts beherrschen. – *Anmerkung von Baudelaire.*

38 Chevreul wurde 1824 zum Direktor der *Königlichen Gobelin-Manufaktur* ernannt, wo er seine Forschungen über die Farbkontraste unternahm.

39 *Mémoires de l'Institut. Acad. Sc.*, t. XXXIII, Paris 1861, m. 4. – *Anmerkung im Ms.*

40 Blaise Pascal, *Gedanken.* Aus dem Französischen von Ulrich Kunzmann, Kommentar von Eduard Zwierlein, Berlin: Suhrkamp 2012, S. 49, §82 (= Lafuma §121, Brunschvicg §418).

Nachwort

> »Das Studium dessen, was man
> Geschichte nennt, ist nichts anderes
> als eine Lektion in Ungewißheit.«
> Félix Nadar, *Die Kunst, hundert Jahre
> alt zu werden*, S. 11.

Das Interview, das Félix und sein Sohn Paul Nadar mit dem berühmten Chemiker Eugène Chevreul kurz vor seinem 100. Geburtstag führten, war eine echte Gemeinschaftsarbeit mit deutlicher Arbeitsteilung.[1] Die Gespräche führte der Vater, während der Sohn im Hintergrund nicht weniger als etwa 70 Aufnahmen anfertigte. Er tat das so diskret, daß das Magazin *Life* genau 50 Jahre später davon sprach, daß es sich um die ersten Aufnahmen mit einer »Candid Camera«, mit versteckter Kamera, gehandelt habe.[2] Das mag zwar etwas übertrieben sein, aber immerhin handelte es sich um das erste Photo-Interview und sogar die erste Photoreportage der Pressegeschichte und sollte es auch auf lange Zeit bleiben, was vor allem mit den Schwierigkeiten zusammenhing, Photographien drucktechnisch schnell und kostengünstig zu reproduzieren. Dies war erst Anfang des 20. Jahrhunderts möglich und führte dann rasch zu jener Omnipräsenz von Photographien in der Presse, wie sie uns heute vertraut ist. Seinerzeit war allein dieses Interview eine enorm aufwendige und kostspielige Angelegenheit und verdankte sich dem besonderen Augenblick des allseits gefeierten Geburtstags des Jubilars, der öffentlich begangen wurde, und der Prominenz der Photographen.[3] Zu einer zuerst geplanten Publikation im *Figaro* kam es jedoch aus

1 Das Nachwort geht zurück auf das Kapitel meines Buchs *Nadar. Bilder der Moderne*, Köln 2019. Für die Transkription des französischen Textes, die neben der kalligraphischen Reinschrift Grundlage der Übersetzung war, danke ich Wolfgang Neubauer.

2 »Speaking of pictures ... These are the first ›candids‹«, in: *Life*, 11.1.1937, S. 2f.

3 Vgl. dazu Charlotte Bigg, »Der Wissenschaftler als öffentliche Persönlichkeit. Die Wissenschaft der Intimität im Nadar-Chevreul-Interview«, in: Bernd Hüppauf (Hg.), *Frosch & Frankenstein. Bilder als Medium der Popularisierung*, Bielefeld 2009, S. 205-231.

Kostengründen nicht, aber auch weil Nadar eine ganze Ausgabe für das Interview beanspruchte. Sie erschien schließlich in gekürzter Form am 5.9.1886 im *Journal illustré*.[4] [Abb. S. 159]

Eigentlich sollte parallel zur bildlich-photographischen Aufzeichnung auch eine akustische erfolgen, die Nadar père bereits 30 Jahre vorher in einem Artikel des *Musée Français-Anglais* vom Dezember 1856 als »Daguerreotyp der Töne [daguerréotype des sons], – der PHONOGRAPH« imaginiert hatte.[5] Ein von Clément Ader entwickelter Apparat namens »Phonophone« sollte Anwendung finden. Und ohnehin war diese technische Neuerung auch deshalb in aller Munde, weil auch Edison im gleichen Jahr in Paris seinen Phonographen der Öffentlichkeit vorgestellt hatte. Die Nadars versuchten wie so oft, sich an der Spitze der technischen Avantgarde zu positionieren, und Félix reklamierte dabei zugleich, der erste gewesen zu sein, der diese Idee gehabt habe. Der Sohn sollte dann den Traum des Vaters wahrmachen und zur Realität werden lassen – doch dazu kam es (wie so oft) nicht: Ein Gerät stand nicht bereit, und so mußte man sich mit einem Stenotypisten begnügen, der auf einigen der Aufnahmen zu sehen ist. Für die zwar bereits angekündigte und beworbene erweiterte Buchausgabe *L'Art de vivre cent ans* war die eigentümliche Bezeichnung »Steno-photographischer Dialog. Erster Versuch von Paul Nadar [Dialogue sténo-photographique. Premier essai par Paul Nadar]« vorgesehen. [Abb. S. 7] Dieser Titel fand dann aber keinen Eingang in die Reinschrift, die als Druckvorlage dienen sollte und auf die diese Edition zurückgeht.

Dennoch waren die Ankündigungen vollmundig. In einem am 5.9.1886 anonym in der Zeitschrift *La Liberté* publizierten Artikel »L'Art de vivre cent ans [Die Kunst, hundert Jahre alt zu werden]«, den Nadar jedoch in dem im Nachlaß überlieferten Exemplar mit dem handschriftlichen Zusatz »dieser Artikel wurde von mir geschrieben,

---

4 Eine umfangreiche Dokumentation samt Reprint des Textes der Fassung des *Journal illustré* findet sich in: Michèle Auer, *Le Premier interview photographique. Chevreul, Félix Nadar, Paul Nadar*, Neuchâtel und Paris 1999.

5 Auch in seinen *Mémoires du Géant* findet sich diese Idee. Der Hinweis findet sich auch bei Dr. Michaut, »Le Phonographe il y a 51 ans«, in: *La Chronique médicale*, 7. Jg., Nr. 5, 1.3.1900, S. 147.

Le Journal illustré

VINGT-TROISIÈME ANNÉE — N° 36

Gravures

M. Chevreul. — Douze portraits de M. Chevreul dans différentes attitudes, portraits obtenus par des photographies instantanées de P. Nadar. Photogravure Krakow.

DIMANCHE 5 SEPTEMBRE 1886.

Le Journal illustré est mis en vente dès le vendredi matin

ABONNEMENT   UN AN   SIX MOIS
Paris 6 50   3 50
Départements . . .   7 50   4 »

Administration et Rédaction à Paris, adici du Petit Journal, Rue Lafayette, 61.

PRIX DU NUMÉRO : 15 CENTIMES

Texte

Le Journal illustré à ses lecteurs. — L'art de vivre cent ans! Trois entretiens avec M. Chevreul, photographié, à la veille de sa cent-unième année.

LES ANNONCES SONT REÇUES AU BUREAU DU JOURNAL, 61, RUE LAFAYETTE ET 18, RUE GRANGE-BATELIÈRE.

L'ART DE VIVRE CENT ANS
TROIS ENTRETIENS AVEC MONSIEUR CHEVREUL
PHOTOGRAPHIÉS A LA VEILLE DE SA CENT ET UNIÈME ANNÉE

MICHEL-EUGÈNE CHEVREUL
Né le 31 août 1786, à Angers.
Photographie Nadar. — Photogravure Krakow.

Nadar père« versieht, schreibt er, daß sich, während ganz Paris auf dem Weg an die Strände der Normandie oder Bretagne sei, »eine der am wenigsten vorhersagbaren Entdeckungen in das Goldene Buch der menschlichen Erfindungen geschrieben wurde«.[6] Wir alle hätten, schreibt Nadar, »eine berechtigte Neugier und Begierde, Auskünfte über die Ereignisse wie über die Personen des Tages zu erhalten«. Der Journalismus habe hierfür die hier wie andernorts kritisierten Formen des Interviews und der Reportage entwickelt, bei denen es aber gänzlich ungewiß sei, ob diese auch authentisch seien. Verfügte, so fragt Nadar rhetorisch, der Reporter wirklich über die »Genauigkeit der Erinnerung und die absolute Unvoreingenommenheit, die in gleicher Weise unentbehrlich sind?« Genauer betrachtet gebe es eine solche Versicherung und Garantie nicht, und bei dem, was sich als Wahrheit ausgebe, handele es sich vielmehr um ungesicherte Informationen. In seinem Artikel wiederholt Nadar père die Geschichte vom Vater, der träumt, und dem Sohn, der nach dem »›Beweis‹, der uns noch fehlt«, sucht. Zur Photographie solle daher der Phonograph hinzutreten, der es uns gestatte, »das Geräusch zu sehen [de voir le bruit]«. Heute sei es endlich möglich, »der Nachwelt optisch und akustisch und in jeder ihrer einander nachfolgenden Erscheinungen eine jede Handlung, eine jede Szene zu übermitteln, die von privatem oder öffentlichen Interesse ist«. Auch wenn er einräumt, daß der Phonograph noch nicht in der Lage gewesen sei, das Gespräch aufzuzeichnen, sei das Ergebnis, das der Autor des Artikels – wenig überraschenderweise – bereits zu Gesicht bekommen habe, nichts Geringeres als »ein Datum in den Annalen des menschlichen Geistes«, garantiere die Erfindung doch »die schlagende Wahrheit dieser Bilder, eine absolute, automatische Wahrheit und von einer Originalität, die bis dahin noch nicht erreicht worden ist«. Große Worte, gelassen ausgesprochen.

Nadar hätte es eigentlich besser wissen sollen. Als Geneviève Reynes 1981 sich durch die zahlreichen Unterlagen, Manuskripte und Bilder kämpft, die sich zum Chevreul-Interview im Nachlaß finden, konstatiert sie recht verzweifelt, daß es ihr unmöglich sei, die Bil-

---

6 Félix Nadar, »L'art de vivre cent ans«, in: *La Liberté*, 1886 [Zeitungsausriß im Nadar-Nachlaß].

Table generale.

L'art de vivre cent ans

cinq entretiens avec M. Chevreul a la veille de son centenaire
recueillis par Nadar.

Titre

Dédicace

Préface des Éditeurs
L'esprit de Chevreul

1 — Biographie de M. Chevreul, (famille,
2 — La légation scientifique de Chine &c)

3 — 1er entretien
De la Longévité
annexe

4 — 2eme Entretien
De la Photographie
annexe

5 — 3eme Entretien
des ballons et de l'aviation
annexe

6 — 4eme Entretien
du contraste simultané des couleurs
annexe.

7 — 5eme Entretien
Matières generales. Conclusions.
Biographie de M. Chevreul.

8 — Lettre de M. Gustave Grignard

9 — Réponse.
Table.

der korrekt dem Text zuzuordnen. Da ihr dieses Problem unlösbar erscheint, beschränkt sie sich erst einmal auf die Bildunterschriften und wird erneut enttäuscht: Die vermeintlichen »Zitate« entsprechen nur annäherungsweise dem transkribierten bzw. edierten Text des Interviews und werden zudem mitunter verändert. Und selbst über die Anzahl der Interviews gibt es mehrere widersprüchliche Angaben. In der im *Journal illustré* publizierten Fassung sind es drei, die hier edierte Buchfassung sieht hingegen fünf vor [Abb. S. 161]. Weiterhin gibt sie auch die Hoffnung auf, eine authentische Fassung des Textes anhand der Manuskripte edieren zu können. »Die sehr zahlreichen Korrekturen im Manuskript und die häufig sehr langen Ergänzungen lassen daran keinen Zweifel: Diese Interviews wurden von Nadar umgeschrieben. [...] Nadar hatte trotz seiner Beteuerungen, seiner Versprechen, skrupulöse Genauigkeit walten zu lassen, der Beziehung zwischen Bild und Text, die der Wirklichkeit entsprechen sollte, überhaupt keinerlei Aufmerksamkeit geschenkt. [...] Er hat sich bemüht, es wahrer als wahr darzustellen.«[7] [Abb. S. 163]

Nadar bemüht auch fast fünfzig Jahre nach der Bekanntmachung der Photographie den offenbar immer noch glaubwürdigen Mythos, daß wir es bei ihr mit authentischen, »natürlichen« und unbezweifelbar wahren Bildern zu tun haben, um dann auch den Phonographen als »Daguerreotyp der Töne« gleich mit ins Reich der Wahrheit einzugemeinden. Sein Blick ist dabei unbeirrt in die Zukunft gerichtet: Er stellt sich einen »Journalismus von morgen« vor, der den Wahrheitsgehalt des Gesehenen und Gelesenen garantiere. Zum ersten Mal, so schreibt er im Manuskript »*L'Art de vivre cent ans*«, werde der Leser zum Zuschauer.[8] Das Paar »Übersetzung, Verrat [traduction, trahison]« werde nun durch das neue »Photographie, Phonographie« als doppelte und unabweisbare Authentizität abgelöst.[9] Stellen Sie sich vor, so imaginiert Nadar, Sie hörten und sähen ein Jahrhundert vorher Mirabeau in einem der Säle des Jeu de Paume. Das könne der neue Journalismus leisten. Man ist mittendrin und auch dabei.

---

7 Geneviève Reynes, »Chevreul interviewé par Nadar, premier document audiovisuel (1886)«, in: *Gazette des Beaux-Arts*, 123. Jg., Bd. 98, 1981, S. 155-184, S. 157.
8 Oben S. 14.
9 Ebd., S. 15.

Statt Mirabeau sitzt ihm immerhin Chevreul gegenüber, der für ein Jahrhundert der Modernisierung steht und auch in früheren Texten von Nadar immer wieder Erwähnung fand. Für Nadar war er als regelrechtes »enzyklopädisches Brevier« und Universalwissenschaftler jedenfalls ein angemessener Gesprächspartner.[10]

Chevreul war mit jeweils zweijährigen Unterbrechungen, da die Stellen nur für diese beschränkte Dauer vergeben wurden, von 1836 bis 1879 Direktor des berühmten Pariser Muséum National d'Histoire Naturelle und – dies aber ununterbrochen – der staatlichen Manufacture des Gobelins. Er entwickelte Farbstoffe, wie etwa das Indigo, nicht tropfende Stearin-Kerzen und nicht zuletzt eine Theorie der Komplementärfarben, die noch für den Pointillismus ein wichtiger Einfluß war. Sie erschien 1839 unter dem Titel *Vom Gesetz des simultanen Kontrasts der Farben* [*De la Loi du Contraste Simultané des Couleurs*], im Jahr der Bekanntmachung der Daguerreotypie, in Paris. Chevreul war Präsident der Akademie der Wissenschaften, als am 19.8.1839 die Notiz von Arago zur Erfindung Daguerres verlesen wurde, und arbeitete mit dem Photopionier Abel Niepce de Saint Victor zusammen, den er 1842 kennenlernte.[11] Dieser hatte bereits 1847 eines der ersten Verfahren der Photographie mit Glasnegativen entwickelt und so den Albuminabzügen den Weg geebnet. Dieses Verfahren sollte bis zum Ende des 19. Jahrhunderts das maßgebliche in der photographischen Welt bleiben. Weiterhin experimentierte er mit heliographischen Druckverfahren und Farbphotographien. Zwischen dem 16.11.1857 und dem 20.12.1858 verfaßte Chevreul zudem vier Notizen für die Akademie der Wissenschaften über »Die Schwärzung von mit Silbernitrat gestärkten Platten durch eine Fernwirkung phosphorizierender Körper wie etwa Uransalze«. Becquerel sollte erst 1896 die Experimente wiederaufnehmen, die dann zur Entdeckung der Radioaktivität führten. Der Photographie als Alltagspraxis stand Chevreul hingegen – wie ein Balzac oder Baudelaire der Naturwissenschaften – ablehnend, wenn nicht gar feindlich gegenüber. Chevreul weigerte sich, wie er auch im Gespräch mit Nadar offenbart, bis zum Alter

10 Ebd., S. 14.
11 Elie Volf, *Michel-Eugène Chevreul (1786-1889)*, Paris 2012, S. 168.

von 97 Jahren photographiert zu werden, und ließ sich erst umstimmen, als Don Pedro bzw. Peter II., der naturwissenschaften- und frankreichaffine Kaiser Brasiliens, der Mitbegründer des Institut de Pasteur war und 1889 ins Pariser Exil ging, ein Bild von ihm haben wollte. Mit der Photoreportage der beiden Nadars sollten dann gleich sehr zahlreiche weitere hinzukommen.

Félix Nadar hatte sich, wie seine umfangreichen Aufzeichnungen in der Bibliothèque Nationale deutlich machen, auf die Gespräche gut vorbereitet und zahlreiche Notizen angefertigt, zu denen auch chinesische Formeln für ein langes Leben gehörten. Am Ende waren allerdings die Themen eher im Bereich des Erwartbaren und kombinierten für Chevreul und Nadar Naheliegendes. Im Mittelpunkt standen Fragen des langen Lebens mit der Bitte um Erklärungen und Rezepte (»Haben Sie Bier oder Wein getrunken?«; »Und wie hielten Sie es mit dem Tabak?«), die Erfindung der Photographie (»Haben Sie Daguerre gekannt?«), die Geschichte der Ballonfahrt mit dem besonderen Anteil, den Nadar daran hatte (»Haben Sie von meinem Géant gehört?«), und die Farbtheorie.

Die besondere Bedeutung dieses Interviews liegt jenseits des Gesprächs nicht zuletzt in dem Anspruch, den es erhebt, und den Strategien, die hierfür entwickelt werden. Entscheidend ist dabei nicht zuletzt die Technik, die Nadar fils zur Verfügung hat und hier effektiv einsetzt. Paul Nadar verwendete, wie auch sein Vater hervorhebt, Eastman-Filme, die Momentaufnahmen mit Verschlußzeiten einer zweitausendstel Sekunde gestatteten. Paul, der in Frankreich dann 1893 auch zum Vertreter der Eastman-Produkte wurde und diese auch bei seiner späteren Reise nach Turkestan verwendete, führt vor Augen, was diese möglich machen. Die »Eastman Detective Camera« kam just im Jahr des Interviews heraus und wurde dann später von Paul Nadar beworben. Das Chevreul-Interview war daher so etwas wie eine Werbung in eigener Sache. Auch weitere Besprechungen weisen daher auf den Eastman-Film hin.

Félix Nadar wollte die vollständige Fassung als Buch mit dem Titel *L'art de vivre cent ans* publizieren. Hippolyte Marinoni, der Präsident des *Petit Journal*, hatte es bereits bei ihm in Auftrag gegeben. Warum es dann nicht erschien, ist den Dokumenten nicht zu entnehmen. Nadar forderte später das Manuskript zurück und verweist auf die Wirren seines Umzugs in die »Manoir de l'Ermitage« in Sénart 1887, die eine Publikation verhindert hätten. So wurde es dann Teil seines Nachlasses und erscheint hier mit weit über hundertjähriger Verspätung erstmals. Die im *Journal illustré* publizierte Fassung weist einige erhebliche Kürzungen in den ihrerseits auch neu gruppierten Gesprächen (aus fünf mach drei) auf und verzichtet zudem sowohl auf die Beigaben – den Text Baudelaires und die Zusammenfassung der Farbtheorie Chevreuls – als auch auf das recht umfangreiche Kapitel von Félix Nadar zur »Physiologie der Langlebigkeit«. In diesem kompiliert er mehr oder weniger offensichtlich Hufelands Buch *Die Kunst, das menschliche Leben zu verlängern* von 1797, das in französischer Übersetzung 1809 erschien und im Laufe des 19. Jahrhunderts mehrere Nachauflagen erfuhr. Nadar weist zwar einige Zitate nach, bedient aber durchweg *en passant* des Textes von Hufeland, den er um weitere Quellen ergänzt. Insgesamt handelt es sich bei Nadars Essay um eine Kompilationsarbeit, die kaum Eigenes enthält. Gleichwohl ist sie zusammen mit dem Gespräch ein bemerkenswertes und ergiebiges wissenschaftshistorisches Dokument, da es einen Überblick über den damaligen *state of the art* der Debatten gibt und dabei auch deren Sollbruchstellen, wie etwa die Theorie des Darwinismus und des Spiritualismus, mehr oder weniger offen ausstellt.

Bereits die erste Publikation der gekürzten Fassung war ein regelrechtes Medienereignis. Auch das *Petit Journal* hatte auf das Interview hingewiesen und dabei auch die Verwendung der Eastman-Filme erwähnt. Dort heißt es: »Unter dem Titel ›Die Kunst, hundert Jahre alt zu werden‹ publiziert das *Journal illustré*, das kommenden Freitag erscheint, eine Sondernummer, die gänzlich in Text und Illustrationen Chevreul gewidmet ist, eine Ausgabe, die von Gesprächen mit Chevreul berichtet und zugleich die unterschiedlichen Ansichten der Physiognomie, der Gesten und der Haltung des berühmten Greises wiedergibt.«[12] Die Momentaufnahmen würden, so die Ankündigung weiter, künftig »Gespräche mit gegenübersitzenden Leuten, die man mit dem barbarischen Wort ›Interview‹ bezeichnet«, ermöglichen.

---

12 Thomas Grimm, »L'Art de vivre cent ans«, in: *Le Petit Journal*, 31.8.1886.

Und der Rezensent Thomas Grimm fügt hinzu: »Mit dem System Nadar gibt es keine Interpretation: Es handelt sich um die exakte Wiedergabe mit allen Vorkommnissen, allen Unterbrechungen in den Sätzen, allen Pausen, die sich in Gesprächen finden. Wir haben es mit einem Dokument von absoluter historischer Genauigkeit zu tun.« Wiederholt wird der Anspruch der Wahrhaftigkeit und Genauigkeit der Aufzeichnungen in Bild und Text, zu denen nun auch die Dokumentation der Physiognomie des Portraitierten hinzukommt. »Während er sprach, nahm die Momentphotographie die Bewegungen seiner Physiognomie auf.« Nadar père hatte auch den Ausfall des Phonographen bedauernd mit dem physiognomischen Ausdruck korreliert. »Die Phonographie des Tons erlaubte bisher weder die Aufzeichnung der Freiheit der Körperhaltung noch die Unvorhersehbarkeit der Bewegungen, noch die lebendige Aufnahme des so interessanten physiognomischen Ausdrucksspiels, die den Verlauf einer Diskussion oder eines Gesprächs begleiten.«[13] Das aber leiste bereits die Photographie. Dank der entstandenen Bilder könne nun der Leser und gleichzeitige Betrachter des Interviews, so kann man folgern, Text und Bild in Bezug setzen und zugleich überprüfen, ob das Gesagte auch dem Ausdruck des Gesichts, der Physiognomie entspreche oder, um Charlotte Bigg zu zitieren, »um Chevreuls inneres Ich aus seiner Erscheinung und seinen Äußerungen zu entziffern«.[14]

Das Gesagte ist das eine, das Gezeigte das andere. Beide werden – und das ist der innovative Gestus der Photoreportage – miteinander in Beziehung gesetzt, um sie dann aber zugleich als Medien der wechselseitigen Kontrolle und Überprüfung zu profilieren. Bild und Text sollen sich im Idealfall entsprechen. Wenn dies nicht der Fall ist, so sei eher der Photographie zu vertrauen, die ungeschönt und im Takt von 1/2000 Sekunden, sprich ohne kompositorischen Einfluß des Photographen, das Interview aufzeichne und in eine Bilderfolge überführe. Dieses wurde im übrigen auch in der Gegenwart anhand der überlieferten Photographien mit Schauspielern und unter Rückgriff auf

---

13 Félix Nadar, »L'art de vivre cent ans«, in: *La Liberté*, 1886 [Zeitungsausriß im Nadar-Nachlaß].
14 Bigg, »Der Wissenschaftler als öffentliche Persönlichkeit«, S. 227.

den – wie wir nun wissen, nicht gerade authentischen – Text reinsze-
niert.[15] Paul Nadar war jedenfalls nicht wenig stolz auf seine Aufnahmen und verwendete sie für Prospekte des Studios und Ausstellungen,
stellte sie aber auch bei der Weltausstellung 1889 aus. [Abb. S. 165]
Der offizielle Katalog verzeichnete neben einer Serie von Komposit-
photographien auch 27 Aufnahmen aus der Serie des Chevreul-Inter-
views und bezeichnete diese als »Études sur la physiognomie«.[16] Dort
begegnete er dann auch George Eastman, dessen Generalvertreter in
Frankreich er dann einige Jahre darauf werden sollte. Das Gespräch
mit Chevreul markierte so letzten Endes den Übergang von einem
klassischen Photoatelier des 19. Jahrhunderts zu einem Handels-
imperium anderer Art, bei dem es nun auch und ökonomisch vor
allem um Apparate und Materialien für Photoamateure ging. Der
Photograph der Anfangsjahre der Photographiegeschichte war von
nun an eine Figur der Geschichte. Fortan sollten die Amateure den
Markt dominieren. Auch sie hätten nun dank der neuen Verfahren
ein ähnliches Interview aufzeichnen können. Das versprach ihnen
jedenfalls der Apparat mitsamt seinen technischen Möglichkeiten.
Die Welt der Photographie sollte fortan allen offen stehen.

Bernd Stiegler

15 Auf Youtube unter: https://www.youtube.com/watch?v=Z6QNQrtOxpo (letzter
Zugriff am 11.2.2020).
16 *Exposition universelle internationale de 1889 à Paris. Catalogue général officiel. Exposition
rétrospective du Travail et des sciences anthropologiques. Section I Anthropologie – Ethnogra-
phie*, Lille 1889, S. 62.

Nachweis der Abbildungen

Umschlagabbildung: Sammlung Bernd Stiegler, Konstanz

Abb. S. 7, 161, 163 und 165: Bibliothèque Nationale, Paris

Abb. S. 101-147: Wellcome Collection , London

Online unter: https://wellcomecollection.org/ (letzter Zugriff am 10.2.2020)

Abb. S. 149 und 151: Auktionshaus Ader Nordmann & Dominique, Paris

Diese Abbildungen sind gegenüber den Vorlagen leicht beschnitten.